LE JOUEUR,

COMEDIE

en Vers.

A PARIS,

Chez THOMAS GUILLAIN, proche
les Augustins, à la descente du Pont-neuf,
à l'Image S. Loüis,

M. DC. XCXVII.

AVEC PRIVILEGE DU ROY.

PREFACE.

CETTE Comedie a eû beaucoup plus de succés que l'Auteur & les Acteurs n'avoient osé l'esperer. Il y avoit contr'elle une caballe tres-forte, & d'autant plus à craindre qu'elle étoit composée des plus seditieux frondeurs des Spectacles, & suscitée par les injustes plaintes d'un Plagiaire qui produisoit une autre Piece en Prose sous le mesme titre, & qui la lisoit tous les jours dans les Caffez de Paris. Les Personnes qui s'in-

PREFACE.

teressent à la réüssite de cette seconde Comedie du Joüeur ont publié d'abord que la premiere étoit tres-mauvaise, la Cour, & la Ville en ont jugé plus favorablement, & il seroit à souhaiter pour eux que l'Ouvrage qu'ils protegent eût une destinée aussi heureuse.

ACTEURS.

GERONTE , Pere de Valere.

VALERE , Amant d'Angelique.

ANGELIQUE , Amante de Valere.

LA COMTESSE , Sœur d'Angelique.

LE MARQUIS.

DORANTE , Amant d'Angelique.

NERINE , Servante d'Angelique.

HECTOR , Valet de Valere.

Mr TOUTABAS , Maiſtre de Trictrac.

Mr GALONIER , Tailleur.

Me ADAM , Selliere.

La Scene eſt à Paris , dans un Hôtel Garny.

LE

LE JOUEUR,

COMEDIE.

ACTE PREMIER.
SCENE PREMIERE.

HECTOR *seul dans un fauteüil prés
d'une Toilette.*

L eſt parbleu grand jour. Déja de leur
    ramage
Les Coqs ont éveillé tout noſtre voi-
    ſinage.
Que ſervir un Joüeur eſt un maudit métier !
Ne ſeray-je jamais Laquais d'un Soufermier,
Je ronflerois mon ſou la graſſe matinée,
Et je m'enyvrerois le long de la journée,

A

Je ferois mon chemin ; j'aurois un bon employ,
Je ferois dans la fuite un Confeiller du Roy,
Rat de cave ou Commis;& que fçait-on?peut-eftre
Je deviendrois un jour auffi gras que mon maiftre,
J'aurois un bon caroffe à refforts bien lians,
De ma rotondité j'emplirois le dedans ;
Il n'eft que ce métier pour brufquer la fortune,
Et tel change de meuble & d'habit chaque Lune,
Qui Jafmin autrefois d'un drap du feau couvert,
Bornoit fa garde-robe à fon juftau-corps vert.
Quelqu'un vient. Si matin Nerine qui t'envoye?

SCENE II.

NERINE, HECTOR.

NERINE.

Que fait Valere ?

HECTOR.
Il dort.

NERINE.
Il faut que je le voye.

HECTOR.
Va, mon Maiftre ne voit perfonne quand il dort.

NERINE.

Je veux luy parler.

HECTOR.
Paix, ne parle pas fi fort.

NERINE.

Oh j'entreray, te dis-je ?

HECTOR.

Icy je suis de garde,
Et je ne puis t'ouvrir que la porte bâtarde.

NERINE.

Tes sots raisonnemens sont pour moy superflus.

HECTOR.

Voudrois-tu voir mon Maistre *in naturalibus*.

NERINE.

Quand se levera-t'il ?

HECTOR.

Mais avant qu'il se leve,
Il faudra qu'il se couche, & franchement...

NERINE.

Acheve.

HECTOR.

Je ne dis mot.

NERINE.

Oh parle, ou de force ou de gré....

HECTOR.

Mon Maistre en ce moment n'est pas encor rentré.

NERINE.

Il n'est pas rentré ?

HECTOR.

Non, il ne tardera guere.
Nous n'ouvrons pas matin. Il a plus d'une affaire
Ce garçon là.

NERINE.

J'entens autour d'un tapis vert,
Dans un maudit brelan ton Maistre joüe & pert,
Ou bien reduit à sec, d'une ame familiere,
Peut-estre il parle au Ciel d'une étrange maniere.

Par ordre tres-exprés d'Angelique aujourd'huy,
Je viens pour rompre icy tout commerce avec luy,
Des sermens les plus forts appuyant sa tendresse,
Tu sçais qu'il a cent fois promis à ma Maîtresse
De ne toucher jamais cornet, carte ny dé,
Par quelque espoir de gain dōt son cœur fut guidé,
Cependant....

HECTOR.

Je voy bien qu'un Rival domestique
Consigne entre tes mains pour avoir Angelique.

NERINE.

Et quand cela seroit, n'aurois-je pas raison?
Mon cœur ne peut souffrir de lâche trahison,
Angelique entre nous seroit extravagante,
De rejetter l'amour qu'a pour elle Dorante,
Luy, c'est un homme d'ordre & qui vit congrument.

HECTOR.

L'Amour se plaist un peu dans le dereglement.

NERINE.

Un Amant fait, & meur.

HECTOR.

Les filles d'ordinaire
Ayment mieux le fruit vert.

NERINE.

D'un fort bon caractere,
Qui ne sceut de ses jours ce que c'est que le jeu.

HECTOR.

Mais mon Maistre est aimé.

NERINE.

Dont j'enrage, morbleu,
Ne verray-je jamais les femmes détrompées
De ces colifichets, de ces fades poupées,
Qui n'ont pour imposer qu'un grand air débraillé,
Un nez de tous costez de tabac barboüillé,

COMEDIE. 9

Une lévre qu'on mord pour rendre plus vermeille
Un chapeau chifonné qui tombe fur l'oreille,
Une longue Stinkerque a replis tortueux,
Un haut de chauffes bas preft à tomber fous eux,
Qui faifant le gros dos la main dans la ceinture,
Viennent pour tout merite étaler leur figure.

HECTOR.

C'eft le gouft d'aprefent, tes cris font fuperflus
Mon enfant.

NERINE.

Je veux moy reformer cet abus,
Je ne souffriray pas qu'on trompe ma Maîtreffe,
Et qu'on profite ainfi d'une tendre foibleffe,
Qu'elle époufe un Joüeur, un petit brelandier,
Un franc diffipateur, & dont tout le métier
Eft d'aller de cent lieux faire la découverte,
Ou de jeux & d'amour on tient boutique ouverte,
Et qui le conduiront tout droit à l'Hofpital.

HECTOR.

Ton fermon me paroift un tant foit peu brutal ;
Mais tant que tu voudras parle, prefche, tempefte,
Ta Maîtreffe eft coeffée.

NERINE.

Et crois-tu dans ta tefte
Que l'amour fur fon cœur ait un fi grand pouvoir,
Elle eft fille d'efprit, peut-eftre dés ce foir
Dorante par mes foins l'époufera.

HECTOR.

Tarare,
Elle eft dans nos filets.

NERINE.

Et moy je te declare
Que je l'en tireray dés aujourd'huy.

HECTOR.

                       Bon, bon.

NERINE.

Que Dorante a pour luy Nerine & la raison.

HECTOR.

Et nous avons l'Amour ; tu sçais que d'ordinaire
Quand l'Amour veut parler la raison doit se taire
Dans les femmes s'entend.

NERINE.

                   Tu verras que chez nous
Quand la raison agit, l'Amour a le dessous.
Ton Maître est un Amant d'une espece plaisante,
Son amour peut passer pour fiévre intermitante ;
Son feu pour Angelique est un flus & reflus.

HECTOR.

Elle est aprés le jeu ce qu'il aime le plus.

NERINE.

Ouy. C'est la passion qui seule le devore.
Des qu'il a de l'argent son amour s'évapore,

HECTOR.

Mais en revanche aussi quand il n'a pas un sou,
Tu m'avouras qu'il est amoureux comme un fou.

NERINE.

Oh j'empescheray bien…

HECTOR.

                 Nous ne te craignons guere,
Et ta Maîtresse encor hier promit à Valere
De luy donner dans peu pour prix de son amour,
Son portrait enrichy de brillans tout au tour,
Nous l'attendons ma chere avec impatience,
Nous aimons les bijoux avec concupiscence.

NERINE.

Le portrait est tout prest, mais ce n'est pas pour luy,
Et Dorante en sera possesseur aujourd'huy.

HECTOR.

A d'autres.

NERINE.

N'eſt-ce pas une honte à Valere,
Eſtant fils de famille, ayant encor ſon Pere,
Qu'il vive comme il fait, & que comme un banny
Depuis un an il loge en cet hoſtel garny.

HECTOR.

Et vous y logez bien, & vous & voſtre clique.

NERINE.

Eſt-ce de meſme dis ! ma Maîtreſſe Angelique,
Et la veuve ſa ſœur ne ſont dans ce Pays
Que pour un temps, & n'ont point de Pere à Paris.

HECTOR.

Valere a deſerté la maiſon paternelle,
Mais ce n'eſt point à luy qu'il faut faire querelle ;
Et ſi Monſieur ſon Pere avoit voulu ſortir,
Nous y ſerions encor à ne t'en point mentir ;
Ces peres bien ſouvent ſont obſtinez en diable.

NERINE.

Il a tort en effet d'eſtre ſi peu traitable ;
Quoy qu'il en ſoit, enfin, je ne t'abuſe pas,
Je fais la guerre ouverte, & je vais de ce pas
Dire ce que je vois, avertir ma Maîtreſſe
Que Valere toujours eſt faux dans ſa promeſſe,
Qu'il ne ſera jamais digne de ſes amours
Qu'il a joüé, qu'il joüe, & qu'il joüera toujours,
Adieu.

SCENE III.

HECTOR *seul.*

Bonjour : autant que je m'y peux connoître
Cetre Nerine cy n'est point trop pour mon Maître,
A-t'elle grand tort ? non. C'est un panier percé,
Qui.... Mais je l'aperçois. Qu'il a l'air harassé ;
On soupçonne jaisément à sa triste figure
Qu'il cherche en vain quelqu'un qui preste à triple
     usure.

SCENE IV.

VALERE, HECTOR.

Valere paroist en desordre comme un homme qui a joüé toute la nuit.

VALERE.

Quelle heure est-il ?

HECTOR.

Il est... Je ne m'en souviens pas.

COMEDIE.

VALERE.
Tu ne t'en souviens pas ?
HECTOR.
Non , Monfieur.
VALERE.

Je fuis las
De tes mauvais difcours , & tes impertinences. . .
HECTOR *à part.*
Ma foy la verité répond aux apparences.
VALERE.
Ma robe de chambre , euh ?
HECTOR.

Il jure entre fes dents.
VALERE.
Hé bien, me faudra-t'il attendre encor long-temps?
HECTOR.
Hé la voila , Monfieur.
VALERE. *Valere fe promene & Hector le fuit tenant fa robe de chambre toute déployée.*

Une Ecole maudite ,
Me coûte en un moment douze trous tout de fuite.
Que je fuis un grand chien. Parbleu je te fçauray
Maudit jeu de Trictrac, ou bien je ne pourray ,
Tu peux me faire perdre : ô fortune ennemie ;
Mais me faire payer , parbleu je t'en deffie ,
Car je n'ay pas un fou.

HECROR *tenant toujours la robe.*

Vous plairoit-il , Monfieur...
VALERE.
Je me ris de tes coups, j'incague la fureur.
HECTOR.
Voftre robe de chambre eft , Monfieur, toute prefte

VALERE.

Va te coucher maraut, ne me romps point la teste,
Va-t'en.

HECTOR.

Tant mieux.

SCENE V.

VALERE seul se mettant dans le fauteüil.

JE veux dormir dans ce fauteüil.
Que je suis malheureux, je ne puis fermer l'œil,
Je dois de tous costez, sans espoir, sans ressource,
Et n'ay pas, grace au Ciel, un écu dans ma bourse.
Hector.... Que ce coquin est heureux de dormir,
Hector ?

HECTOR *derriere le Theatre.*

Monsieur ?

VALERE.

Hé bien bourreau veux-tu venir,
N'es-tu pas las encor de dormir, miserable,

SCENE VI.

VALERE, HECTOR.

HECTOR *à moitié deshabillé.*

Las de dormir, Monsieur : Hé je me donne au
    diable
Je n'ay pas eu le temps d'oster mon justau-corps.
VALERE.
Tu dormiras demain.
HECTOR.
    Il a le diable au corps.
VALERE.
Est-il venu quelqu'un ?
HECTOR.
    Il est selon l'usage
Venu maint Creancier, de plus un gros visage,
Un Maistre de Trictrac qui ne m'est pas connu,
Le Maistre de Musique est encore venu,
Ils reviendront bien-tost.
VALERE.
    Bon, pour cette autre affaire
M'as-tu déterré....
HECTOR.
    Qui ? cette honneste usuriere,
Qui nous preste par heure à vingt sous par écu.
VALERE.
Justement elle-même.

HECTOR.

Ouy , Monſieur , j'ay tout vû.
Qu'on vend cher maintenant l'argent à la jeuneſſe;
Mais enfin j'ay tant fait avec un peu d'adreſſe ,
Qu'elle m'a reconduit d'un air fort obligeant .
Et vous aurez , je crois , au plutoſt voſtre argent.

VALERE.

J'aurois les mille écus, ô Ciel ! quel coup de grace,
Hector, mon cher Hector, vien ça que je t'embraſſe.

HECTOR.
Comme l'argent rend tendre.

VALERE.
                    Et tu crois qu'en effet ,
Je n'ay pour en avoir qu'à donner mon billet.

HECTOR.
Qui le refuſeroit ſeroit bien difficile ,
Vous eſtes auſſi bon que Banquier de la Ville :
Pour la reduire au point où vous la ſouhaitez ;
Il a falu lever bien des difficultez ,
Elle eſt d'accord de tout, du temps, des arrerages,
Il ne faut maintenant que luy donner des gages.

VALERE.
Des gages.

HECTOR.
Ouy , Monſieur.

VALERE.
                    Mais y penſes-tu bien ,
Où les prendray-je, dis ?

HECTOR.
                    Ma foy je n'en ſçais rien.
Pour nipes nous n'avons qu'un grand fond d'eſ-
          perance ,
Sur les produits trompeurs d'une réjoüiſſance ,

Et

Et dans ce siecle-cy Messieurs les usuriers
Sur de pareils effets prestent peu volontiers.

VALERE.

Mais quel gage, dis-moy, veux-tu que je luy donne.

HECTOR.

Elle viendra tantôt elle-mesme en personne,
Vous vous ajusterez ensemble en quatre mots :
Mais, Monsieur, s'il vous plaist, pour changer de
   propos,
Aimeriez-vous toujours la charmante Angelique.

VALERE.

Si je l'aime ? Ah ce doute & m'outrage & me
   pique,
Je l'adore.

HECTOR.

Tant pis. C'est un signe fâcheux,
Quand vous estes sans fond vous estes amoureux.
Et quand l'argent renaist vostre tendresse expire.
Vostre bourse est, Monsieur, puisqu'il faut vous
   le dire,
Un Thermometre seur, tantost bas, tantost haut,
Marquant de vostre cœur ou le froid, ou le chaud.

VALERE.

Ne crois pas que le jeu, quelque sort qu'il me
   donne,
Me fasse abandonner cette aimable personne.

HECTOR.

Oüy; mais j'ay bien peur moy qu'on ne vous plan-
   te-là.

VALERE.

Et sur quel fondement peux-tu juger cela ?

HECTOR.

Nerine sort d'icy qui m'a dit qu'Angelique
Pour Dorante vôtre Oncle en ce momét s'explique.

Que vous joüiez toujours malgré tous vos sermens,
Et qu'elle abjure enfin ses tendres sentimens.

 VALERE.

Dieux ! que me dis-tu-là ?

HECTOR.

Ce que je viens d'entendre.

VALERE.

Bon, cela ne se peut, on ta voulu surprndre.

HECTOR.

Vous estes assez riche en bonne opinion,
A ce qu'il me paroît.

VALERE.

Point, sans presomption
On sçait ce que l'on vaut.

HECTOR.

Mais si sans vouloir rire,
Tout alloit comme j'ay l'honneur de vous le dire,
Et qu'Angelique enfin pût changer...

VALERE,

En ce cas,
Je prens le party, mais cela ne se peut pas.

HECTOR.

Si cela se pouvoit qu'une passion neuve...

VALERE.

En ce cas je pourrois rabatre sur la veuve,
La Comtesse sa Sœur.

HECTOR.

Ce dessein me plaît fort,
J'aime un amour fondé sur un bon cofre fort.
Si vous vouliez un peu vous aider avec elle,
Cette veuve, je croy, ne seroit point cruelle.
Ce seroit une éponge à presser au besoin.

VALERE.

Cette éponge entre-nous ne vaudroit pas ce soin.

HECTOR.

C'eſt dans ſon caractere une eſpece parfaite ;
Un ambigu nouveau de prude & de coquette ,
Qui croît mettre les cœurs à contribution ,
Et qui veut épouſer , c'eſt là ſa paſſion.

VALERE.

HECTOR.

Un Marquis de même caractere ,
Grand épouſeur auſſi la galope & la flaire.

VALERE.

Et quel eſt ce Marquis ?

HECTOR.

C'eſt à vous parler net
Un Marquis de hazard fait par le lanſquenet ,
Fort brave , à ce qu'il dit , intrigant , plein d'affaires,
Qui croit de ſes appas les femmes tributaires ,
Qui gagne au jeu beaucoup , & qui , dit-on , jadis
Eſtoit Valet de chambre avant d'eſtre Marquis :
Mais ſauvons-nous , Monſieur , j'aperçois vôtre
Pere.

SCENE VII.

GERONTE, VALEDE, HECTOR,

GERONTE.

DOucement , j'ay deux mots à vous dire , Valere :
Pour toy j'ay quelques coups de canne à te preſter.

HECTOR.

Excuſez-moy , Monſieur , je ne puis m'arreſter.

GERONTE.
Demeure-là maraut.

HECTOR,
　　　　Il n'est pas temps de rire.

GERONTE.
Pour la derniere fois, mon Fils, je viens vous dire,
Que vôtre train de vie est si fort scandaleux,
Que vous m'obligerez à quelque éclat fâcheux ;
Je ne puis retenir ma bile davantage,
Et ne sçaurois souffrir vôtre libertinage,
Vous estes pilier né de tous les lansquenets,
Qui sont pour la jeunesse autant de trébuchets :
Un bois plein de voleurs est un plus seur passage,
Dans ces lieux jour & nuit ce n'est que brigandage.
Il faut opter des deux, estre dupe, ou fripon.

HECTOR.
Tous ces jeux de hazard n'attirent rien de bon ;
J'aime les jeux galands où l'esprit se déploye,
C'est Monsieur, par exemple, un joly jeu que l'oye.

GERONTE.
Tay toy. Non à present le jeu n'est que fureur,
On jouë argent, bijoux, contracts, honneur,
Et c'est ce qu'une femme en cette humeur à crain-
　　dre,
Risque plus volõtiers, & perd plus sans se plaindre.

HECTOR.
Oh nous ne risquons pas, Monsieur, de tels bijoux.

GERONTE.
Vôtre conduite enfin m'enflame de courroux,
Je ne puis vous souffrir vivre de cette sorte,
Vous m'avez obligé de vous fermer ma porte,
J'estois las, attendant chez moy vôtre retour,
Qu'on fist du jour la nuit, & de la nuit le jour.

HECTOR.

C'eſt bien fait: Ces Joüeurs qui courent la fortune,
Dans leurs déreglemens reſſemblent à la Lune,
Se couchant le matin, & ſe levant le ſoir.

GERONTE.

Vous me pouſſez à bout, mais je vous feray voir,
Que ſi vous ne changez de vie & de maniere,
Je ſçauray me ſervir de mon pouvoir de Pere,
Et que de mon courroux vous ſentirez l'effet.

HECTOR.

Vôtre Pere a raiſon.

GERONTE.

    Comme le voila fait.
Débraillé, mal peigné, l'œil hagard, à ſa mine
On croiroit qu'il viendroit dans la foreſt voiſine
De faire un mauvais coup.

HECTOR.

    On croiroit vray de luy,
Il a fait trente fois coupegorge aujourd'huy.

GERONTE.

Serez-vous bien-tôt las d'une telle conduite,
Parlez, que dois-je enfin eſperer dans la ſuite.

VALERE.

Je reviens aujourd'huy de mon égarement,
Et ne veux plus joüer, mon Pere, abſolument.

HECTOR.

Voila du fruit nouveau dont ſon Fils le regale.

GERONTE.

Quand ils n'ont pas un ſou voila de leur morale.

VALERE.

J'ay de l'argent encore, & pour vous contenter,
De mes dettes je veux aujourd'huy m'acquiter.

GERONTE.

S'il eſt ainſi, vraîment j'en ay bien de la joye.
     B iij

HECTOR *à part.*

Vous acquiter, Monsieur, avec quelle monnoye?

VALERE.

Te tairas-tu ; mon Oncle aspire dans ce jour
A m'oster d'Angelique & la main & l'amour ;
Vous sçavez que pour elle il a l'ame blessée,
Et qu'il veut m'enlever...

GERONTE.

Ouy je sçay sa pensée,
Et je seray ravy de le voir confondu.

HECTOR.

Vous n'avez qu'à parler, c'est un homme tondu.

GERONTE.

Je voudrois bien déja que l'affaire fut faite.
Angelique est fort riche, & point du tout coquete,
Maîtresse de son choix, avec ce bon dessein,
Va te mettre en état de meriter sa main.
Payer tes Creanciers.

VALERE.

J'y vais, j'y cours... Mon Pere.

GERONTE.

Hé, plaît-il ?

VALERE.

Pour sortir entierement d'affaire
Il me manque environ quatre ou cinq mille francs.
Si vous vouliez, Monsieur ..

GERONTE.

Ah, ah, je vous entens,
Vous m'avez mille fois bercé de ces sornettes :
Non, comme vous pourrez allez payer vos dettes.

VALERE.

Mais mon Pere, croyez...

GERONTE.

A d'autres, s'il vous plaît,

VALERE.
Prestez-moy mille écus.
                    HECTOR.
                            Nous payrons l'interest
Au denier un.
                    VALERE.
Monsieur...
                    GERONTE.
                        Je ne puis vous entendre.
                    VALERE.
Je ne veux point mon Pere aujourd'huy vous sur-
    prendre,
Et pour vous faire voir quels sont mes bôs desseins,
Retenez cet argent, & payez par vos mains.
                    HECTOR.
Ah parbleu pour le coup c'est estre raisonnable.
                    GERONTE.
Et de combien encor estes-vous redevable ?
                    VALERE.
La somme n'y fait rien.
                    GERONTE.
                        La somme n'y fait rien ?
                    HECTOR.
Non,quand vous le verrez vivre en homme de bien,
Vous ne regreterez nullement la dépense,
Et nous ferons, Monsieur, la chose en conscience.
                    GERONTE.
Ecoûtez , je veux bien faire un dernier effort ;
Mais aprés cela, si...
                    VALERE.
                        Moderez ce transport.
Que sur mes sentimens vôtre ame se repose ,
Je vay voir Angelique , & mon cœur se propose
D'arrester son courroux déja prest d'éclater.
                        B iiij   Il sort.

HECTOR.

Je m'en vay travailler moy pour vous contenter,
A vous faire en raisons claires & positives,
Le memoire succint de nos dettes passives,
Et que j'auray l'honneur de vous montrer dans
    peu. *Il sort.*

GERONTE *seul.*

Mon frere en son amour n'aura pas trop beau jeu.
Non, quand ce ne seroit que pour le contredire,
Je veux rompre l'hymen où son amour aspire,
Et j'auray deux plaisirs à la fois, si je puis,
De chagriner mon Frere, & marier mon Fils.

SCENE VIII.

Mr TOUTABAS, GERONTE.

TOUTABAS.

Avec tous les respects d'un cœur vraîment sin-
    cere,
Je viens pour vous offrir mon petit ministere,
Je suis, pour vous servir, Gentilhomme Auvergnac,
Docteur dans tous les jeux, & Maistre de Trictrac:
Mon nom est Toutabas, Vicomte de la Case,
Et vostre serviteur, pour terminer ma phrase.

GERONTE.

Un Maistre de Trictrac, il me prend pour mon Fils.
Quoy vous montrez, Monsieur, un tel Art dans
Paris ?

Et l'on ne vous a pas fait prefent en galere
D'un brevet d'Efpalier ?

TOUTABAS.

A quel homme ay-je affaire ?
Comment? Je vous foûtiens que dans tous les Etats
On ne peut de mon Art affez faire de cas ,
Qu'un enfant de famille,& qu'on veut bien inftrui-
re ,
Devroit fçavoir joüer avant que fçavoir lire.

GERONTE.

Monfieur le Profeffeur avecque vos raifons
Il faudroit vous loger aux petites Maifons.

TOUTABAS.

De quoy fert, je vous prie , une foule inutile
De Chanteurs , de Danfeurs qui montrent par la
Ville ;
Un jeune homme en eft-il plus riche quand il fçait
Chanter re mi fa fol , danfer un Menuet ,
Payera-t'on de Marchands la cohorte preffante ,
Avec un Vaudeville , ou bien une Courante ;
Ne vaut-il pas bien mieux qu'un jeune Cavalier
Dans mon Art au plutoft fe faffe initier ,
Qu'il fçache , quand il perd, d'une ame non com-
mune ,
A force de fçavoir rappeller la fortune.
Qu'il apprenne un meftier qui par de feurs fecrets
En le divertiffanr l'enrichiffe à jamais.

GERONTE.

Vous eftes riche à voir.

TOUTABAS.

Le jeu fait vivre à l'aife ,
Nombre d'honneftes gens , Fiacres, Porteurs de
Chaife ,

Mille ufuriers fournis de ces obfcurs brillans ,
Qui vont de doigts en doigts tous les jours circu-
    lans.
Des Gafcons , à fouper dans les brelans fidelles ,
Des Chevaliers fans ordre, & tant de Demoifelles ,
Qui fans le Lanfquenet, & fon produit caché ,
De leur foible vertu feroient fort bon marché ,
Et dont tous les Hyvers la cuifine fe fonde ,
Sur l'impoft étably d'une infaillible ronde.

GERONTE.

S'il eft quelque Joüeur qui vive de fon gain ,
On en voit tous les jours mille mourir de faim ,
qui forcez à garder une longue abftinence ,
Pleurent d'avoir trop mis à la réjoüiffance.

TOUTABAS

Et c'eft de là que vient la beauté de mon Art.
En fuivant mes leçons on court peu ce hazard ,
Je fçais quand il le faut, par un peu d'artifice ,
D'un fort injurieux corriger la malice ,
Je fçais dans un Trictrac quand il faut un fonnez,
Gliffer des dez heureux , ou chargez , ou pipez ,
Et quand mon plein eft fait gardant mes avantages,
J'en fubftituë auffi d'autres prudens & fages,
Qui n'offrant à mon gré que des as à tous coups ,
Me font en un inftant enfiler douze trous.

GERONTE.

Et Monfieur Toutabas vous avez l'infolence ,
De venir dans ces lieux montrer vôtre fcience.

TOUTABAS.

Ouy , Monfieur , s'il vous plaift.

GERONTE.

              Et vous ne craignez pas
Que j'arme contre vous quatre paires de bras,
Qui le long de vos reins. . . .

TOUTABAS.

Monfieur , point de colere,
Je ne fuis point venu icy pour vous déplaire.

GERONTE *le pouffe.*

Maiftre juré filou fortez de la maifon.

TOUTABAS.

Non, je n'en fors qu'aprés vous avoir fait leçon.

GERONTE.

A moy leçon :

TOUTABAS.

Je veux par mon fçavoir extrême,
Que vous efcarmotiez un dé comme moy-même.

GERONTE.

Je ne fçais qui me tient , tant je fuis animé ,
Que quelques bons fouflets donnez à point fermé...
Va-t'en.

Il le prend par les épaules.

TOUTABAS.

Puifqu'aujourd'huy vôtre humeur petulante
Vous rend l'ame aux leçons un peu recalcitrante ,
Je reviendray demain pour la feconde fois.

GERONTE.

Revien.

TOUTABAS.

Vous plairoit-il de m'avancer le mois.

GERONTE *le pouffant tout-à-fait dehors.*

Sortiras-tu d'icy vray gibier de potence ,
Je ne puis refpirer , & j'en mourray je penfe.
Heureufement mon Fils n'a point vû ce fripon ,
Il me prenoit pour luy dans cette occafion,
Sçachons ce qu'il a fait , & fans plus de miftere ,
Concluons fon hymen , & finiffons l'affaire.

Fin du premier Acte.

ACTE II.
SCENE PREMIERE.

ANGELIQUE, NERINE.

ANGELIQUE.

ON cœur feroit bien lâche aprés tant
    de fermens,
D'avoir encor pour luy de tendres
    mouvemens;
Nerine, ç'en eft fait, pour jamais je
    l'oublie,
Je ne veux ny l'aimer, ny le voir de ma vie,
Je fens la liberté de retour dans mon cœur,
Ne me viens pas au moins parler en fa faveur.

NERINE.
Moy parler pour Valere, il faudroit eftre fole,
Que plutoft à jamais je perde la parole.

ANGELIQUE.
Ne viens point deformais, pour calmer mon dépit,
Rapeller à mes fens fon air & fon efprit,
Car tu fçais qu'il en a.

NERINE.
      De l'efprit, luy Madame,
Il eft plus journalier mille fois qu'une femme.

Il rêve à tout moment, & sa vivacité
Dépend presque toujours d'une carte, ou d'un dé.
ANGELIQUE.
Mon cœur est maintenant certain de sa victoire.
NERINE.
Madame, croyez-moy, je connois le grimoire,
Souvent tous ces dépits sont des hoquets d'amour.
ANGELIQUE.
Non, l'amour de mon cœur est banny sans retour.
NERINE.
Cet hoste dans un cœur a bien-tost fait son giste ;
Mais il se garde bien d'en déloger si viste.

ANGELIQUE.

Ne crains rien de mon cœur.
NERINE.
S'il venoit à l'instant
Avec cet air flateur, soumis, insinuant,
Que vous luy connoissez, que d'un ton pathetique
Elle se met à ses pieds.
Il vous dit à vos pieds, non charmante Angelique,
Je ne veux opposer à tout vôtre courroux,
Qu'un seul mot, je vous aime, & je n'aime que vous.
Vôtre ame en ma faveur n'est-elle point émeuë,
Vous ne me dites rien, vous détournez la veuë,
Elle se releve.
Vous voulez donc ma mort, il faut vous contenter;
Peut-estre en ce moment pour vous épouvanter,
Il se soufletera d'une main mutinée,
Se donnera du front contre une cheminée,
S'arrachera de rage un toupet de cheveux,
Qui ne sont pas à luy ; mais de ces airs fougueux.
Ne vous étonnez pas ; contez qu'en sa colere
Il ne se fera pas grand mal.

C

ANGELIQUE.

Laisse-moy faire,

NERINE.

Vous voila, grace au Ciel, bien instruite sur tout,
Ne vous démentez point, tenez bon jusqu'au bout.

SCENE II.

LA COMTESSE, ANGELIQUE, NERINE.

LA COMTESSE.

On dit par tout, ma Sœur, qu'un peu moins prévenuë
Vous épousez Dorante.

ANGELIQUE.

Ouy, j'y suis resoluë.

LA COMTESSE.

Mon cœur en est ravy, Valere est un vray fou,
Qui joüroit vôtre bien jusques au dernier sou.

ANGELIQUE.

D'accord.

LA COMTESSE.

J'aime à vous voir vaincre vôtre tendresse,
Cet amour, entre-nous, étoit une foiblesse,
Il faut se dégager de ces attachemens,
Que la raison condamne, & qui flatent nos sens.

ANGELIQUE.

Il est vray.

LA COMTESSE.
Rien n'est plus à craindre dans la vie,
Qu'un époux qui du jeu ressent la tyrannie.
J'aimerois mieux qu'il fust gueux, avaricieux,
Coquet, fâcheux, mal-fait, brutal, capricieux,
Yvrogne, sans esprit, débauché, sot, colere,
Que d'estre un emporté joüeur comme est Valere.
ANGELIQUE.
Je sçay que ce défaut est le plus grand de tous.
LA COMTESSE.
Vous ne voulez donc plus en faire vôtre époux ?
ANGELIQUE.
Moy, non. Dans ce dessein nos humeurs sont con-
formes.
NERINE.
Il a ma foy receu son congé dans les formes.
LA COMTESSE.
C'est bien-fait. Puis qu'enfin vous renoncez à luy,
Je vay l'épouser moy.
ANGELIQUE.
l'épouser !
LA COMTESSE.
Aujourd'huy.
ANGELIQUE.
Ce Joüeur qu'à l'instant...
LA COMTESSE.
Je sçauray le reduire,
On sçait sur les Maris ce que l'on a d'empire.
ANGELIQUE.
Quoy vous voulez, ma Sœur, avec cet air si doux,
Ce maintien reservé, prendre un nouvel époux.
LA COMTESSE.   [crime,
Et pourquoy non, ma Sœur, fais-je donc un grand
De ralumer les feux d'un amour legitime :
C ij

J'avois fait vœu de fuïr tout autre engagement,
Pour garder du deffunt le souvenir charmant,
Je portois son portrait, & cette vive image
Me soulageoit un peu des chagrins du veuvage ;
Mais qu'est-ce qu'un portrait quand on aime bien
    fort,
C'est un époux vivant qui console d'un mort.
NERINE.
Madame n'aime pas les Maris en peinture.
LA COMTESSE.
Cela raquite-t'il d'une perte aussi dure ?
NERINE.
C'est irriter le mal au lieu de l'adoucir.
ANGELIQUE,
Connoisseuse en Maris vous deviez mieux choisir;
Vous unir à Valere !
LA COMTESSE.
                Ouy, ma Sœur, à luy-même.
ANGELIQUE.
Mais vous n'y pensez pas, croyez-vous qu'il vous
    aime ?
LA COMTESSE.
S'il m'aime, luy s'il m'aime, ah quel aveuglement!
On a certains attraits, un certain enjoument,
Que personne ne peut me disputer, je pense.
ANGELIQUE.
Aprés un si long-temps de pleine joüissance,
Vos attraits sont à vous sans contestation.

LA COMTESSE.

Et je puis en user à ma discretion.
ANGELIQUE.
Sans doute, & je voy bien qu'il n'est pas impossible,
Que Valere pour vous ait eu le cœur sensible,

L'or est d'un grand secours pour achetter un cœur,
Ce métal en amour est un grand seducteur.
LA COMTESSE.

En vain vous m'insultez avec un tel langage,
La moderation fut toujours mon partage ;
Mais ce n'est point par l'or que brillét mes attraits,
Et jamais en aimant je ne fis de faux frais :
Mes sentimens, ma Sœur, sont differens des vôtres,
Si je connois l'amour ce n'est que dans les autres.
J'ay beau m'armer de fier, je vois de toutes parts
Mille cœurs amoureux suivre mes étendards :
Un Conseiller de robe, un Seigneur de finance,
Dorante, le Marquis, briguent mon alliance :
Mais si d'un nouveau nœu je veux bien me lier,
Je prétens à Valere offrir un cœur entier,
Je fais profession d'une vertu severe.
ANGELIQUE.
Qui peut vous assurer de l'amour de Valere ?
LA COMTESSE.
Qui peut m'en assurer ? Mon merite je crois.
ANGELIQUE.
D'autres sur luy, ma Sœur, auroient les mêmes
droits.
LA COMTESSE.
Il n'eut jamais pour vous qu'une estime sterile,
Un petit feu leger, vagabond, volatile.
Quand on veut inspirer une solide amour,
Il faut avoir vêcu, ma Sœur, bien plus d'un jour,
Avoir un certain poids, une beauté formée,
Par l'usage du monde, & des ans confirmée :
Vous n'en estes pas-là.
ANGELIQUE.
Jattendray bien du temps.

NERINE.

Madame eſt prévoyante, elle a pris les devants;
Mais on vient.

UN LAQUAIS.

Le Marquis, Madame, eſt là qui monte.

LA COMTESSE.

Le Marquis ! hé non, non, i! n'eſt pas ſur mon
compte.

SCENE III.

LE MARQUIS, LA COMTESSE, ANGELIQUE, NERINE.

LE MARQUIS ſe rajuſtant.

JE ſuis tout en deſordre, un maudit embarras
M'a fait quitter ma chaiſe à deux ou trois cens
     pas,
Et j'y ſerois encor dans des peines mortelles,
Si l'amour pour vous voir ne m'eût prêté ſes aîles.

LA COMTESSE.

Que Monſieur le Marquis eſt galant ſans fadeur.

LE MARQUIS.

Oh point du tout, je ſuis vôtre humble ſervi-
     teur ;
Mais à vous parler net ſans que l'eſprit fatigue,
Prés du ſexe je ſçais me démeſler d'intrigue :
Ah juſte Ciel ! quel eſt cet admirable objet.

LA COMTESSE.

C'eſt ma Sœur.

LE MARQUIS.

Vôtre Sœur ! Vraîment c'eſt fort bien fait.
Je vous ſçais gré d'avoir une Sœur auſſi belle ,
On la prendroit parbleu pour vôtre Sœur jumelle.

LA COMTESSE.

Comme à tout ce qu'il dit il donne un joly tour ,
Qu'il eſt ſincere; on voit qu'il eſt homme de Cour.

LE MARQUIS.

Homme de Cour ; moy : non. Ma foy la Cour
 m'ennuye ,
L'eſprit dans ce païs n'eſt qu'en ſuperficie ;
Si-toſt que vous voulez un peu l'aprofondir ,
Vous rencontrez le tuf : J'y pourrois m'agrandir ,
J'ay de l'eſprit , du cœur , pluſque Seigneur de
 France ,
Je jouë , & j'y ferois fort bonne contenance ;
Mais je n'y vais jamais que par neceſſité ,
Et pour y rendre au Roy quelque civilité.

NERINE.

Il vous eſt obligé , Monſieur , de tant de peine.

LE MARQUIS.

Je n'y ſuis pas plutôt , ſoudain je perds haleine ,
Ces fades complimens ſur de grands mots montez,
Ces proteſtations qui ſont futilitez ,
Ces ſerremens de main dont on vous eſtropie ,
Ces grands embraſſemens dont un flateur vous lie,
M'oſtent à tout moment la reſpiration ,
On ne s'y dit bon jour que par convulſion.

ANGELIQUE.

Les Dames de la Cour ſont bien mieux vôtre affaire.

LE MARQUIS.

Point. Il faut eſtre au moins gros Fermier pour
　　leur plaire.
Leur ſotte vanité croit ne pouvoir trop haut
A des faveurs de Cour mettre un injuſte tau.
Moy, j'aime à pourchaſſer des beautez mitoyenes,
L'Hyver dans un fauteüil avec des citoyenes,
Les pieds ſur les chenets étendus ſans façons,
Je pouſſe la fleurette, & conte mes raiſons.
Là, toute la maiſon s'offre à me faire feſte,
Valets, Fille de chambre, Enfans, tout eſt honneſte;
L'Epoux même diſcret quand il entend minuit,
Me laiſſe avec Madame, & va coucher ſans bruit.
Voila comme je vis, quand par fois dans la Ville
Je veux bien déroger...

NERINE.

　　　　　　La maniere eſt facile,
Et ce commerce-là me paroiſt aſſez doux.

LE MARQUIS.

C'eſt ainſi que je veux en uſer avec vous :
Je ſuis tout naturel, & j'aime la franchiſe,
Ma bouche ne dit rien que mon cœur n'authoriſe,
Et quand de mon amour je vous fais un aveu,
Madame, il eſt trop vray que je ſuis tout en feu.

LA COMTESSE.

Fy donc petit badin, un peu de retenuë,
Vous me parlez, Marquis, une langue inconnuë,
Le mot d'amour me bleſſe & me fait trouver mal.

LE MARQUIS.

L'effet n'en ſeroit pas peut-eſtre ſi fatal.

NERINE.

Elle veut qu'en détours la choſe s'envelope,
Et ce mot dit à crû luy cauſe une ſincope.

ANGELIQUE.
Dans la bouche d'un autre il deviendroit plus
doux.

LA COMTESSE.
Comment? qu'eſt-ce ? plaiſt-il? parlez, expliquez-
vous,
Parlez donc, parlez donc, apprenez, je vous prie »
Que mortel quel qu'il ſoit ne me dit de ma vie,
Un mot douteux qui puiſſe effleurer mon honneur.

LE MARQUIS.
Croiroit-on qu'une veuve auroit tant de pudeur ?

ANGELIQUE.
Mais Valere vous aime, & ſouvent...

LE MARQUIS.
Qu'eſt-ce à dire
Valere ? Un autre icy conjointement ſoûpire :
Ah ſi je le ſçavois je luy ferois morbleu...
Où loge-t'il

NERINE.
icy.

LE MARQUIS. *Il fait ſemblant de s'en
aller, & reviont.*
Nous nous verrons dans peu.

LA COMTESSE.
Mais quel droit avez-vous ſur moy ?

LE MARQUIS.
Quel droit, ma Reine ?
Le droit de bien-ſeance avec celuy d'aubaine.
Vous me convenez fort,& je vous conviens mieux.
Sur vous l'on ſçait aſſez que je jette les yeux.

LA COMTESSE.
Vous eſtes fou Marquis de parler de la ſorte.

LE MARQUIS.
Je ſçais ce que je dis ou le diable m'emporte.

LA COMTESSE.

Sommes-nous donc liez par quelque engagement?

LE MARQUIS.

Non pas autrement... Mais...

LA COMTESSE.

Qu'est-ce à dire ? Comment...
Parlez.

LE MARQUIS.

Je ne sçay point prendre en main des trompettes.
Pour publier par tout les faveurs qu'on m'a faites.

ANGELIQUE.

Eh ma Sœur !

NERINE.

Des faveurs !

LE MARQUIS.

Suffit, je suis discret,
Et sçais quand il le faut oublier un secret.

LA COMTESSE.

On ne connoist que trop ma retenuë austere ,
Il veut rire.

LE MARQUIS.

Ah parbleu je sçauray de Valere
Quel est en vous aimant le but de ses desirs ,
Et de quel droit il vient chasser sur mes plaisirs.

SCENE IV.

1. LAQUAIS , *rendant un billet au Marquis.*

Monsieur, c'est de la part de la grosse Comtesse.

LE MARQUIS *le mettant dans sa poche.*
Je le liray tantôt.
2. LAQUAIS.
Cette jeune Duchesse
Vous attend à vingt pas pour vous mener au jeu.
LE MARQUIS.
Quelle attende.
3. LAQUAIS.
Monsieur.
LE MARQUIS.
Encore : ah palsanbleu
Il faut que de la Ville enfin je me dérobe.
3. LAQUAIS.
Je viens de voir , Monsieur, cette femme de robe,
Qui dit que cette nuit son mary couche aux
    champs ,
Et que ce soir sans bruit...
LE MARQUIS.
Il suffit , je t'entens ,
Tu prendras ce manteau fait pour bonne fortune ,
De couleur de muraille , & tantost sur la brune ,
Va m'attendre en secret où tu fus avant-hier ,
Là...
3. LAQUAIS.
Je sçais.
LE MARQUIS.
Il faudroit avoir un corps de fer
Pour resister à tout. J'ay de l'ouvrage à faire ,
Comme vous le voyez , mais je m'en veux distraire,
Vous ferez desormais tous mes soins les plus doux.
LA COMTESSE.
Si mon cœur estoit libre , il pourroit estre à vous.
LE MARQUIS.
Adieu charmant objet , à regret je vous quitte ,
C'est un pesant fardeau d'avoir un gros merite

SCENE V.

LA COMTESSE, ANGELIQUE, NERINE.

NERINE.

CEt homme-là vous aime épouvantablement.

ANGELIQUE.

Je ne vous croyois pas un tel engagement.

LA COMTESSE.

Il est vif.

ANGELIQUE.

Il vous aime, & son ardeur est belle.

LA COMTESSE.

L'amour qu'il a pour moy luy tourne la cervelle,
Il ne m'a pourtant veuë encore que deux fois.

NERINE.

Il en a donc bien fait la premiere... Je crois
voir Valere.

SCENE VI.

VALERE, LA COMTESSE, ANGELIQUE, NERINE.

LA COMTESSE.

L'Amour auprés de moy le guide.
NERINE *à Angelique*.
Il tremble en approchant.
LA COMTESSE.
         J'aime un Amant timide,
Cela marque un bon fond. Aprochez, aprochez,
Ouvrez de vôtre cœur les sentimens cachez.
Vous allez voir, ma Sœur ?
VALERE *à la Comtesse*.
         Ah ! quel bonheur, Madame,
Que vous me permettiez d'ouvrir toute mon ame:
à Angelique.
Et quel plaisir de dire en des transports si doux,
Que mon cœur vous adore, & n'adore que vous.
LA COMTESSE.
L'amour le trouble. Hé quoy, que faites-vous,
   Valere ?
VALERE.
Ce que vous-même icy m'avez permis de faire.
NERINE.
Voicy du qui pro quo.

VALERE.

Que je ferois heureux,
S'il vous plaifoit encore de recevoir mes vœux.

LA COMTESSE.

Vous vous méprenez.

VALERE.

Non. Enfin belle Angelique,
Entre mon Oncle & moy que vôtre cœur s'expli-
que,
Le mien eft tout à vous, & jamais dans un cœur.

LA COMTESSE.

Angelique !

VALERE.

On ne vit une plus noble ardeur.

LA COMTESSE.

Ce n'eft donc pas pour moy que vôtre cœur foûpire ?

VALERE.

Madame, en ce moment je n'ay rien à vous dire ;
Regardez vôtre Sœur, & jugez fi fes yeux
Ont laiffé dans mon cœur de place à d'autres feux.

LA COMTESSE,

Quoy d'aucun feu pour moy vôtre ame n'eft épri-
fe ?

VALERE.

Quelques civilitez que l'ufage authorife...

LA COMTESSE.

Comment...

ANGELIQUE.

Il ne faut pas avec feverité
Exiger des Amans trop de fincerité.
Ma Sœur, tout doucement avalez la pilule.

LA COMTESSE.

Taifez-vous, s'il vous plaift, petite ridicule.

VALERE

Vous avez cent vertus, de l'efprit, de l'éclat,
Vous eftes belle, riche ...

LA COMTESSE.

Et vous eftes un fat.

ANGELIQUE.

La moderation qui fut vôtre partage,
Vous ne la mettez point, ma Sœur, trop en ufage.

LA COMTESSE.

Monfieur vaut-il le foin qu'on fe mette en courroux,
C'eft un extravagant, il eft tout fait pour vous.

SCENE VII.

VALERE, ANGELIQUE, NERINE.

NERINE.

ELle connoît fes gens.

VALERE.

Ouy pour vous je foûpire,
Et je voudrois avoir cent bouches pour le dire.

NERINE.

Allons, Madame, allons, ferme voicy le choc,
Point de foiblefle au moins, ayez un cœur de roc.

ANGELIQUE.

Ne m'abandonne point.

NERINE.

Non, non, laiffez-moy faire.

VALERE.

Mais que me sert helas ! que mon cœur vous pre-
    fére ,
Que sert à mon amour un si sincere aveu ,
Vous ne m'écoûtez point, vous dédaignez mon feu,
De vos beaux yeux pourtant, cruelle il est l'ouvra-
    ge ;
Je sçay qu'à vos beautez c'est faire un dur outrage,
De nourrir dans mon cœur des desirs partagez ,
Que la fureur du jeu se mêle où vous regnez ;
Mais. . .

ANGELIQUE.

Cette passion est trop forte en vôtre ame ,
Pour croire que l'amour d'aucun feu vous enflame;
Suivez , suivez l'ardeur de vos emportemens ;
Mon cœur n'en aura point de jaloux sentimens.

NERINE.

Optimè.

VALERE.

Desormais plein de vôtre tendresse ,
Nulle autre passion n'a rien qui m'interesse ,
Tout ce qui n'est point vous me paroît odieux.

ANGELIQUE *d'un ton plus tendre.*

Non, ne vous presentez jamais devant mes yeux.

NERINE.

Vous mollissez.

VALERE.

Jamais ! quelle rigueur extrême !
Jamais : ah que ne mot est cruel quand on aime,
Hé quoy ! rien ne pourra fléchir vôtre courroux,
Vous voulez donc me voir mourir à vos genoux.

ANGELIQUE.

Je prens peu d'interest, Monsieur, à vôtre vie.

NERINE.

Nous allons bien-toft voir joüer la Comedie.

VALERE.

Ma mort fera l'effet de mon cruel dépit.

NERINE.

Qu'un Amant mort pour nous nous mettroit en
crédit.

VALERE.

Vous le voulez : hé bien il faut vous fatisfaire
Cruelle , il faut mourir.

Il veut tirer fon épée.

ANGELIQUE *l'arreftant.*

Que faites-vous , Valere ?

NERINE.

Hé bien ! ne voila pas vôtre tendre maudit
Qui vous prend à la gorge , euh. . .

ANGELIQUE.

Tu ne m'as pas dit ,
Nerine, qu'il viendroit fe percer à ma veuë,
Et je tremble de peur quand une épée eft nuë.

NERINE.

Que les Amans font fots.

VALERE.

Puifqu'un foin genereux
Vous intereffe encor aux jours d'un malheureux ,
Non , ce n'eft point affez de me rendre à la vie,
Il faut que par l'amour defarmée , attendrie ,
Vous me rendiez encor ce cœur fi precieux ,
Ce cœur fans qui le jour me devient odieux.

ANGELIQUE.

Nerine, qu'en dis-tu ?

NERINE.

Je dis qu'en la mêlée
Vous avez moins de cœur qu'une poule moüillée.

VALERE.

Madame, au nom des Dieux, au nom de vos attraits.

ANGELIQUE.

Si vous me promettiez...

VALERE.

Ouy, je vous le promets,
Que la fureur du jeu sortira de mon ame,
Et que j'auray pour vous la plus ardente flame...

NERINE.

Pour faire des sermens il est toujours tout prest.

ANGELIQUE.

Il faut encor, ingrat, vouloir ce qui vous plaist;
Ouy, je vous rends mon cœur.

VALERE *luy baisant la main.*

Ah quelle joye extrême !

ANGELIQUE.

Et pour vous faire voir à quel point je vous aime,
Je joins à ce present celuy de mon Portrait.

Elle luy donne son Portrait enrichy de diamans.

NERINE.

Helas de mes sermons voila quel est l'effet !

VALERE.

Quel excés de faveurs !

ANGELIQUE.

Gardez-le, je vous prie.

VALERE *le baisant.*

Que je le garde ! ô Ciel ! le reste de ma vie.
Que dis-je, je pretens que ce Portrait si beau
Soit mis avecque moy dans le même tombeau ;
Et que même la mort jamais ne nous separe.

NERINE.

Que l'esprit d'une fille est changeant & bi-
zarre.

ANGELIQUE.

Ne me trompez donc plus Valere, & que mon cœur
Ne se repente point de sa facile ardeur.

Elle sort.

VALERE.

Fiez-vous aux sermens de mon ame amoureuse.

NERINE.

Ah que voila pour l'Oncle une époque fâcheuse.

Elle sort.

VALERE,

Est-il dans l'univers de mortel plus heureux ,
Elle me rend son cœur , elle comble mes vœux ,
M'accable de faveurs . . .

SCENE IX.

VALERE , HECTOR.

HECTOR

Monsieur je viens vous dire . ,

VALERE.

Je suis tout transporté : voy , considere , admire
Angelique m'a fait ce genereux present.

HECTOR.

Que les brillans sont gros, pour estre plus content
Je vous amene encor un lenitif de bourse ,
Une usuriere.

VALERE.

Et qui ?

HECTOR.

Madame la Ressource.

SCENE VIII.

Mᵉ LA RESSOURCE, VALERE, HECTOR.

VALERE l'embraſſant.

HE' bonjour, mon enfant, tu ne peux concevoir
Juſqu'où va dans mon cœur le plaiſir de te
voir.

Mᵉ LA RESSOURCE.

Je vous ſuis obligée, on ne peut davantage.

HECTOR.

Elle eſt jolie encor ; mais quel ſombre équipage,
Vous voila ſans mentir auſſi noire qu'un four.

VALERE.

Ne vois-tu pas Hector que c'eſt un deüil de Cour.

Mᵉ LA RESSOURCE.

Oh, Monſieur, point du tout, je ſuis une bourgeoiſe,
Qui ſçais me meſurer juſtement à ma thoiſe,
J'en connois bien pourtant qui ne me valent pas,
Qui ſe font teindre en noir du haut juſques en bas,
Mais pour moy je n'ay point cette ſotte manie,
Et ſi mon pauvre époux eſtoit encor en vie...

Elle pleure.

VALERE.

Quoy! Monſieur la Reſſource eſt mort ?

Mᵉ LA RESSOURCE.

Subitement.

HECTOR *pleurant.*

Subitement helas ! j'en suis fâché vraîment
Au fait.

VALERE.

J'aurois besoin Madame la Ressource
De mille écus.

Me LA RESSOURCE.

Monsieur disposez de ma bourse.

VALERE.

Je fais, bien entendu , mon billet au porteur.

HECTOR.

Et je veux l'endosser.

Me LA RESSOURCE.

Avec les gens d'honneur
On ne perd jamais rien.

VALERE.

Je veux que tu le prennes ,
Nous faisons icy bas des roûtes incertaines ,
Je pourrois bien mourir ; ce maraut m'avoit dit
Que sur des gages seurs tu prétois à crédit.

Me LA RESSOURCE.

Sur des gages Monsieur ? c'est une médisance ,
Je sçay que ce seroit blesser ma conscience
Pour des nantissemens qui vaillent bien leur prix ,
De la vieille vaisselle au poinçon de Paris ,
Des diamans usez , & qu'on ne sçauroit vendre ,
Sans risquer mon honneur je croy que j'en puis
     prendre.

VALERE.

Je n'ay pour te donner vaisselle ny bijoux.

HECTOR.

Oh parbleu nous marchons sans crainte des filoux.

Me LA RESSOURCE.

Hé bien nous attendrons, Monsieur , qu'il vous en
     vienne.

VALERE.

Compte ma pauvre enfant que ma mort est certaine,
Si je n'ay dans ce jour mille écus.

Me LA RESSOURCE.

Ah , Monsieur,
Je voudrois les avoir, ce seroit de grand cœur.

VALERE.

Ma charmante , mon cœur, ma Reyne , mon aimable,
Ma belle , ma mignonne, & ma toute adorable.

HECTOR *à genoux.*

Par pitié.

Me LA RESSOURCE.

Je ne puis.

HECTOR

Ah que nous sommes foux ,
Tous ces gens-là , Monsieur , ont des cœurs de
cailloux ;
Sans des nantissemens, il ne faut rien pretendre.

VALERE.

Dy moy donc si tu veux,où je les pourray prendre.

HECTOR.

Attendez... mais comment, avec un cœur d'airain,
Refuser un billet endossé de ma main.

VALERE.

Mais voy donc !

HECTOR.

Laissez-moy,je cherche en ma boutique

VALERE.

Ecoute... nous avons le portrait d'Angelique ,
Dans le temps difficile il faut un peu s'aider.

HECTOR.

Ah que dites-vous là,vous devez le garder.

VALERE.

D'accord, honneſtement je ne puis m'en défaire.

Me LA RESSOURCE.

Adieu, quelqu'autrefois nous finirons l'affaire.

VALERE.

Attendez donc. Tu ſçais juſqu'où vŏt mes beſoins,
N'ayant pas ſon portrait l'en aimeray-je moins.

HECTOR.

Fort bien, mais voulez-vous que cette perfidie...

VALERE.

Il eſt vray. J'ay tantoſt cette groſſe partie
De ces joüeurs en fonds qui doivent s'aſſembler.

Me LA RESSOURCE.

Adieu.

VALERE.

Demeurez donc, où voulez-vous aller.
Je feray de l'argent, ou celuy de mon pere,
Quoy qu'il puiſſe arriver nous tirera d'affaire,

HECTOR.

Que peut dire Angelique alors qu'elle apprendra
Que de ſon cher Portrait...

VALERE.

Et qui le luy dira ?
Dans une heure au plus tard nous irons le reprendre.

HECTOR.

Dans une heure.

VALERE.

Ouy vrayment :

HECTOR.

Je commence à me rendre

VALERE.

Je me mettrois en gage en mon beſoin urgent,

HECTOR *le confiderant*

Sur cette nipe là vous auriez peu d'argent.

VALERE.

On ne perd pas toujours , je gagneray fans doûte.

HECTOR.

Voftre raifonnement met le mien en déroute ,
Je fçay que ce micmac ne vaut rien dans le fond.

VALERE.

Je m'en tireray bien Hector , je t'en répond.
Peut-on fur ce bijou fans trop de complaifance...

Mc LA RESSOURCE.

Ouy je puis maintenant prefter en confcience ,
Je voy des diamans qui répondent du preft ,
Et qui peuvent porter un modefte intereft ,
Voila les mille écus comprez dans cette bourfe.

VALERE.

Je vous fuis obligé Madame la Reffource ;
Au moins ne manquez pas de revenir tantoft ,
Je pretens retirer mon portrait au plutoft.

Mc LA RESSOURCE.

Volontiers : nous aimons à changer de la forte ,
Plus noftre argent fatigue , & plus il nous raporte;
Adieu Meffieurs,je fuis toute à vous à ce prix.

Elle fort.

HECTOR.

Adieu Juif, le plus Juif qui foit dans tout Paris,
Vous faites-là, Monfieur, une action inique.

VALERE.

Aux maux defefperez il faut de l'hemetique,
Et cet argent offert par les mains de l'amour ,
Me dit que la fortune eft pour moy dans ce jour.

Fin du fecond Acte.

ACTE III.

ACTE III.
SCENE PREMIERE.

DORANTE, NERINE.

DORANTE.

UEL est donc le sujet pourquoy ton
cœur soûpire ?

NERINE.

Nous n'avons pas, Monsieur, tous
deux sujet de rire.

DORANTE.

Dis-moy donc, si tu veux, le sujet de tes pleurs.?

NERINE.

Il faut aller, Monsieur, chercher fortune ailleurs.

DORANTE.

Chercher fortune ailleurs ? As-tu fait quelque
  piece
Qui t'auroit fait si-tost chasser de ta Maîtresse ?

NERINE *pleurant plus fort.*

Non, c'est de vôtre sort dont j'ay compassion.
Et c'est à vous d'aller chercher condition.

DORANTE.

Que dis-tu !

NERINE.

Qu'Angelique est une ame legere,
Et s'est mieux que jamais rengagée à Valere.

E

DORANTE.

Quoy que pour mon amour ce coup foit affom-
   mant,
Je ne fuis point furpris d'un pareil changement,
Je fçay que cet Amant toute entiere l'occupe,
De fes ardeurs pour moy je ne fuis point la dupe;
Et lorfque de fes feux je fens quelque retour,
Je dois tout au dépit, & rien à fon amour:
Je ne veux point, Nerine, éclater en injures,
Ny rapeller iey fes fermens, fes parjures,
Ainfi que mon amour je calme mon courroux.

NERINE.

Si vous fçaviez, Monfieur, ce que j'ay fait pour
   vous...

DORANTE.

Tien, reçoy cette bague, & dis à ta Maîtreffe,
Que malgré fes dédains elle aura ma tendreffe,
Et que la voir heureufe eft mon plus grand bon-
   heur.

NERINE *prenant la bague en pleurant.*

Ah! ah! je n'en puis plus, vous me fendez le cœur.

SCENE II.

GERONTE, HECTOR, DORANTE, NERINE.

HECTOR.

OUy, Monsieur, Angelique épousera Valere,
Ils ont signé la paix.

GERONTE.

Tant mieux. Bon jour, mon frere,
Qu'est-ce ? hé bien ? qu'avez-vous ? vous estes
tout changé ?
Allons gay ; vous a-t'on donné vôtre congé ?

DORANTE.

Vous estes bien instruit des chagrins qu'on me
donne,
On ne me verra point violenter personne ;
Et quand je pers un cœur qui cherche à s'éloigner,
Mon Frere, je prétens moins perdre que gagner.

GERONTE.

Voila des sentimens d'un Heros de Cassandre :
Entre-nous vous aviez fort grand tort de prétédre
Que sur vôtre Neveu vous pussiez l'emporter.

DORANTE.

Non, je ne sceus jamais jusques-là me flatter :
La jeunesse toujours eut des droits sur les belles,
L'amour est un enfant qui badine avec elles,
Et quand à certain âge ou veut se faire aimer,
C'est un soin indiscret qu'on devroit reprimer.

E ij

GERONTE.

Je suis en verité ravy de vous entendre,
Et vous prenez la chose ainsi qu'il la faut prendre.

NERINE.

Si l'on m'en avoit crû tout n'en iroit que mieux.

DORANTE.

Ma presence est assez inutile en ces lieux,
Je vais de mon amour tâcher à me défaire.

Il sort.

GERONTE.

Allez, consolez-vous, c'est fort bien fait, mon Frere?
Adieu. Le pauvre enfant, son sort me fait pitié.

NERINE *s'en allant.*

J'en ay le cœur saisi.

HECTOR.

Moy, j'en pleure à moitié,
Le pauvre homme.

SCENE III.

GERONTE , HECTOR.

HECTOR *tirant un papier roulé avec plusieurs autres papiers.*

Voila , Monsieur, un petit rôle ,
Des dettes de mon Maître , il vous tient sa parole,
Comme vous le voyez, & il croit qu'en tout cecy,
Vous voudrez bien , Monsieur, tenir la vôtre aussi.

GERONTE.

Ça voyons, expedie au plûtoſt ton affaire.
HECTOR.
J'auray fait en deux mots. L'honneſte homme de
Pere !
Ah ! qu'à nôtre ſecours à propos vous venez,
Encor un jour plus tard nous étions ruinez.
GERONTE.

Je le crois.

HECTOR.
N'allez pas ſur les points vous debattre,
Foy d'honneſte garçon je n'en puis rien rabattre :
Les choſes ſont, Monſieur, tout au plus juſte prix,
De plus, je vous promets que je n'ay rien obmis.
GERONTE.

Finy donc.

HECTOR.
Il faut bien ſe mettre ſur ſes gardes :
Memoire juſte & bref de nos dettes criardes,
Que Maturin Geronte auroit tantoſt promis,
Et promet maintenant de payer pour ſon Fils.
GERONTE.
Que je les paye ou non, ce n'eſt pas ton affaire,
Lis toujours.
HECTOR.
C'eſt, Monſieur, ce que je m'en vais faire :
Item, doit à Richard cinq cens livres dix ſous
Pour gages de cinq ans, frais, miſes, loyaux couts.
GERONTE.
Quel eſt ce Richard ?
HECTOR.
Moy, fort à voſtre ſervice :
Ce nom n'eſtant point fait du tout à la propice :

D'un valet de joüeur, mon Maître de nouveau,
M'a mis celuy d'Hector, du valet de carreau.

GERONTE.

Le beau nom ! Il devoit appeller Angelique
Pallas, du nom connu de la Dame de pique.

HECTOR.

Secondement il doit à Jeremie Aaron
Usurier de meſtier, Juif de Religion.

GERONTE.

Tout beau, n'embroüillons point, s'il vous plaiſt,
    les affaires,
Je ne veux point payer les dettes uſuraires.

HECTOR.

Hé bien ſoit. Plus il doit à maints particuliers
Ou quidams, dont les noms, qualitez & meſtiers
S'ont déduits plus au long avecque les paities,
Es aſſignations dont je tiens les copies,
Dont tous leſdits quidams, ou du moins peut s'en faut,
Ont obtenu déja Sentence par defaut ;
La ſomme de dix mille, une livre, une obole,
Pour l'avoir ſans relâche un an ſur ſa parole,
Habillé, voituré, coeffé, chauſſé, ganté,
Alimenté, raſé, deſalteré, porté.

GERONTE.

Deſalteré, porté, que le diable t'emporte,
Et ton maudit Memoire écrit de telle ſorte.

HECTOR.

Si vous ne m'en croyez demain pour vous trouver
J'envoyeray les Quidams tous à voſtre lever.

GERONTE.

La belle cour !

HECTOR.
De plus à Margot de la Plante,
Personne de ses droits usante & joüissante,
Est dû loyalement deux cens cinquante écus,
Pour ses apointemens de deux quartiers écheus.

GERONTE.
Quelle est cette Margot?

HECTOR.
Monsieur... C'est une fille...
Chez laquelle mon Maître... Elle est vraiment
gentille.

GERONTE.
Deux cens cinquante écus!

HECTOR.
Ce n'est ma foy pas cher,
Demandez, c'est, Monsieur, un prix fait en Hyver.

GERONTE.
Et tu prétens bourreau...

HECTOR *tournant le rôle.*
Monsieur point d'invectives:
Voicy le contenu de nos dettes actives,
Et vous allez bien voir que le compte suivant,
Payé fidellement se monte à presque autant.

GERONTE.
Voyons.

HECTOR.
Premierement Isaac de la Serre.
Il est connu de vous.

GERONTE.
Et de toute la terre
C'est ce Negociant, ce Banquier si fameux.

HECTOR.
Nous ne vous donnons pas de ces effets ver-
reux,

Cela sent comme baûme: Or donc ce de la Serre,
Si bien connu de vous & de toute la terre,
Ne nous doit rien.
                    GERONTE.
          Comment ?
                    HECTOR.
                    Mais un de ses parens,
Mort aux champs de Flerus nous doit dix mille
          francs.
                    GERONTE.
Voila certainement un effet fort bizare.
                    HECTOR.
Oh s'il n'estoit pas mort c'estoit de l'or en barre.
Plus à mon Maistre est dû du Chevalier Fijac
Les droits hipotequez sur un tour de Trictrac.
                    GERONTE.
Que dis-tu ?
                    HECTOR.
          La partie est de deux cens pistoles,
C'est une dupe, il fait en un tour vingt écoles.
Il ne faut plus qu'un coup.
          GERONTE *luy donnant un souflet.*
                    Tien maraut, le voila,
Pour m'offrir nn memoire égal à celuy-là,
Va porter cet argent à celuy qui t'envoye.
                    HECTOR.
Il ne voudra jamais prendre cette monnoye.
                    GERONTE.
Impertinent, maraut, va, je t'aprendray bien
Avecque ton Trictrac.
                    HECTOR.
          Il a dix trous, à rien.

SCENE IV.

HECTOR *seul.*

SA main est à fraper, non à donner legere,
Et mon Maître a bien fait de faire ailleurs af-
   faire ;
Mais le voicy qui vient poussé d'un heureux vent ,
Il a les yeux sereins & l'accueil avenant.

SCENE V.

VALERE , HECTOR.

HECTOR.   *Valere entre en comptant*
                beaucoup d'argent dans
                son chapeau.

PAr vôtre ordre , Monsieur , j'ay vû Monsieur
   Geronte ,
Qui de nôtre Memoire a fait fort peu de conte ,
Sa monnoye est frapée avec un vilain coin ,
Et de pareil argent nous n'avons pas besoin :
J'ay vû chemin faisant aussi Monsieur Dorante ,
Morbleu qu'il est fâché :
      VALERE *comptant toujours.*
        Mille deux cens cinquante.

HECTOR.

La flore eſt arrivée avec les Galions ,
Cela va diablement hauſſer nos actions·
J'ay veu pareillement par voſtre ordre Angelique;
Elle m'a dit...

VALERE *frapant du pied.*

Morbleu ce dernier coup me pique ,
Sans les cruels revers de deux coups inouis ,
J'aurois encor gagné plus de trois cens Louis·

HECTOR.

Cette fille Monſieur de voſtre amour eſt folle.

VALERE *à part.*

Damon m'en doit encor deux cens ſur ſa parole.

HECTOR *le tirant par la manche.*

Monſieur écoutez-moy : calmez un peu vos ſens,
Je parle d'Angelique, & depuis fort long-temps.

VALERE.

Ah d'Angelique, hé bien commēt ſuis-je avec elle.

HECTOR.

On n'y peut eſtre mieux ; ah, Monſieur, qu'elle eſt
　　belle ,
Et que j'ay de plaiſir à vous voir racroché.

VALERE.

A te dire le vray , je n'en ſuis pas fâché.

HECTOR.

Comment ? quelle froideur s'empare de vôtre ame;
Quelle glace ! tantoſt vous eſtiez tout de flame :
Ay-je tort, quand je dis que l'argent de retour
Vous fait faire toujours banqueroute à l'amour :
Vous vous ſentez en fond *Ergo*, plus de maîtreſſe.

VALERE.

Ah juge mieux Hector de l'Amour qui me preſſe ,
J'ayme autant que jamais ; mais ſur ma paſſion
J'ay fait en te quirtant quelque reflexion

Je ne suis point du tout né pour le mariage ,
Des parens, des enfans, une femme, un ménage,
Tout cela me fait peur , j'aime la liberté.
HECTOR.
Et le libertinage.
VALERE.
Hector en verité ;
Il n'est point dans le monde un état plus aimable,
Que celuy d'un Joüeur, sa vie est agreable ,
Ses jours sont enchaînez par des plaisirs nouveaux,
Comedie, Opera, bonne chere , cadeaux ,
Il traîne en tous les lieux la joye & l'abondance,
On voit regner sur luy l'air de magnificence ,
Tabatieres, bijoux, sa poche est un tresor,
Sous ses heureuses mains le cuivre devient or.
HECTOR.
Et l'or devient à rien.
VALERE.
Chaque jour , mille belles
Luy font la cour par lettre,& l'invitent chez elle.
La porte à son aspect s'ouvre à deux grands battās,
Là vous trouvez toujours des gens divertissans
Des femmes qui jamais n'ont pû fermer la bouche,
Et qui sur le prochain vous tirent à cartouche
Des oisifs de métier , & qui toujours sur eux
Portent de tout Paris le lardon scandaleux
Des Lucreces du temps , là, de ces filles veuves ,
Qui veulent imposer & se donner pour neuves ,
De vieux Seigneurs toujours prests à vous cajoler,
Des plaisans qui font rire avant que de parler ,
Plus agreablement peut-on passer la vie.
HECTOR.
D'accord , mais quand on perd tout cela vous en-
nuye.

VALERE.

Le jeu r'affemble tout, il unit à la fois
Le turbulent Marquis, le paifible Bourgeois,
La femme du Banquier dorée & triomphante,
Coupe orgueilleufement la Ducheffe indigente ;
Là, fans deftinction on voit aller depair
Le Laquais d'un Commis avec un Duc & Pair ;
Et quoy qu'un fort jaloux nous ait fait d'injuftices
De fa naiffance ainfi l'on vange les caprices.

HECTOR.

A ce qu'on peut juger de ce difcours charmant,
Vous voila donc en grace avec l'argent comptant;
Tant mieux, pour fe conduire en bonne politique,
Il faudroit retirer le portrait d'Angelique.

VALERE.

Nous verrons.

HECTOR.
Vous fçavez.

VALERE.
Je dois joüer tantoft.

HECTOR.
Tirez-en mille écus.

VALERE.
Oh non, c'eft un depoft.

HECTOR.
Pour mettre quelque chofe à l'abry des orages,
S'il vous plaifoit du moins de me payer mes gages.

VALERE.
Quoy je te dois...

HECTOR.
Depuis que je fuis avec vous
Je n'ay pas en cinq ans encor receu cinq fois.

VALERE,
Mon Pere te payra, l'article eft au memoire.

HECTOR.

HECTOR.

Voftre Pere ? Ah, Monfieur, c'eft une mer à boire,
Son argent n'a point cours quoy qu'il foit bien
   de poids.

VALERE.

Va j'examineray ton compte une autrefois ,
J'entens venir quelqu'un.

HECTOR.

         Je vois voftre felliere ,
Elle a flairé l'argent.

VALERE *mettant promptement fon*
       argent dans fa poche.
    Il faut nous en défaire.

HECTOR.

Et Monfieur Galonier voftre honnefte Tailleur.

SCENE VI.

Me ADAM, Mr GALONIER, VALERE, HECTOR.

VALERE.

QUel contre-temps ! je fuis ,voftre humble
   ferviteur :
Bonjour, Madame Adam, quelle joye eft la mienne
Vous voir !' c'eft du plus loin parbleu qu'il me
   fouvienne.

Me ADAM.

Je viens pourtant icy fouvent faire ma cour ,
Mais vous joüez la nuit, & vous dormez le jour.

VALERE.
C'eſt pour cette caleche à velours à ramage.

Me ADAM.
Ouy s'il vous plaiſt.

VALERE.
Je ſuis fort content de l'ouvrage,
Il faut vous la payer... Songe par quel moyen
Tu pourras me tirer de ce triſte entretien.
Vous Monſieur Galonier quel ſujet vous ameine.

GALONIER.
Je viens vous demander...

HECTOR.
Vous prenez trop de peine.

GALONIER.
Vous...

HECTOR.
Vous faites toujours mes habits trop étroits.

GALONIER.
Si...

HECTOR.
Ma culote s'uſe en deux ou trois endroits.

GALONIER.
Je...

HECTOR.
Vous couſez ſi mal...

Me ADAM.
Nous marions ma fille.

VALARE.
Quoy vous la mariez ? Elle eſt vive & gentille,
Er ſon époux futur doit en eſtre content.

Me ADAM.
Nous aurions grand beſoin d'un peu d'argent
    comptant.

VALERE.

Je veux Madame Adam mourir à voftre veuë,
Si j'ay...

Me ADAM.

Depuis long-temps cette fomme m'eft duë.

VALERE.

Que je fois en maraut deshonoré cent fois,
Si l'on m'a vû toucher un fou depuis fix mois.

HECTOR.

Ouy nous avons tous deux par pieté profonde
Fait vœu de pauvreté, nous renonçons au monde.

GALONIER.

Que vôtre cœur pour moy fe laiffe un peu toucher,
Nôtre femme eft Môfieur fur le point d'accoucher:
Donnez-moy cent écus fur étant moins des dettes.

HECTOR.

Et dequoy Diable auffi du métier dont vous eftes,
Vous avifez-vous là de faire des enfans,
Faites-moy des habits.

GALONIER.

Seûlement deux cens francs.

VALERE.

Eh mais .. fi j'en avois... comptez que dans la vie
Perfonne de payer n'eut jamais tant d'envie,
Demandez..

HECTOR.

S'il avoit quelques deniers comptans,
Ne me payroit-il pas mes gages de cinq ans;
Vôtre dette n'eft pas meilleure que la mienne.

Me ADAM.

Mais quand faudra-t'il donc, Monfieur, que je
revienne.

VALERE.

Mais quand il vous plaira, dés demain que fçait-on,

HECTOR.

Je vous avertiray quand il y fera bon.

GALONIER.

Pour moy je ne forts point d'icy qu'on ne m'en
   chaffe.

HECTOR.

Non, je ne vis jamais d'animal fi tenace.

VALERE.

Ecoutez, je vous dis un fecret qui je croy
Vous plaira dans la fuite autant & plus qu'à moy;
Je vay me marier tout à fait, & mon Pere
Avec mes creanciers doit me tirer d'affaire.

HECTOR.

Pour le coup ?

Me ADAM.

I' me faut de l'argent cependant.

HECTOR.

Cette raifon vaut mieux que de l'argent comptant;
Montrez-nous les talons.

GALONIER.

Monfieur ce mariage
Se fera-t'il bien-toft ?

HECTOR.

Tout au plutoft, j'enrage.

Me ADAM.

Sera-ce dans ce jour.

HECTOR.

Nous l'efperons, adieu,
Sortez, nous attendons la future en ce lieu.
Si l'on vous trouve icy vous gâterez l'affaire.

Me ADAM.

Vous me promettez donc...

HECTOR.

Allez laiffez-moy faire.

Mᵉ ADAM & GALONIER *ensemble.*
Mais Monsieur…
HECTOR *les mettant dehors.*
Que de bruit, oh parbleu détallez.

SCENE VII.

VALERE, HECTOR.

HECTOR *riant.*

Voila des Creanciers assez bien regalez ;
Vous devriez pourtant, en fond comme vous
estes.

VALERE.

Rien ne porte malheur comme payer ses dettes.

HECTOR.

Ah je ne dois donc plus m'étonner desormais,
Si tant d'honnestes gens ne les payent jamais :
Mais voicy le Marquis, ce heros de tendresse.

VALERE.

C'est là le soûpirant ?…

HECTOR.

Ouy de nôtre Comtesse.

F iij

SCENE VII.

LE MARQUIS, VALERE, HECTOR.

LE MARQUIS.

QUe ma chaise se tienne à deux cens pas d'icy;
Et vous mes trois Laquais éloignez-vous
aussi,
Je suis *incognitò*.

HECTOR.

Que pretent-il donc faire.

LE MARQUIS.

N'est-ce pas vous, Monsieur, qui vous nommez
Valere.

VALERE.

Ouy, Monsieur, c'est ainsi qu'on m'a toujours
nommé.

LE MARQUIS.

Jusques au fond du cœur j'en suis parbleu charmé,
Faites que ce Valet à l'écart se retire.

VALERE.

Va-t'en.

HECTOR.

Monsieur.

VALERE.

Va-t'en, faut-il te le redire.

SCENE VIII.

LE MARQUIS.

SCavez-vous qui je suis ?

VALERE
Je n'ay pas cet honneur.

LE MARQUIS.
Courage , allons Marquis montre de la vigueur ;
Il craint. Je suis pourtant fort connu dans la Ville,
Et si vous l'ignorez sçachez que je faufile
Avec Ducs, Archiducs, Princes, Seigneurs, Mar-
    quis ,
Et tout ce que la Cour offre de plus exquis ,
Petits Maistres de robe à courte & longue queuë,
J'évante les beautez & leur plais d'une lieuë ,
Je m'érige aux repas en Maistre Architiclin ,
J'y suis le Chansonnier & l'ame du festin :
Je suis parfait en tout ; ma valeur est connuë ,
Je ne me bats jamais qu'aussi-tost je ne tuë ,
De cent jolis combats je me suis démellé.
J'ay la botte trompeuse , & le jeu tres-brouillé ;
Mes ayeux sont connus , ma race est ancienne ,
Mon trisayeul estoit Vice-Baillif du Maine ;
J'ay le vol du chapon , ainsi dés le berceau
Vous voyez que je suis Gentilhomme Manceau.

VALERE.
On le voit à vôtre air.

LE MARQUIS.
J'ay sur certaine femme
Jetté sans y songer quelque amoureuse flâme ,
J'ay trouvé la matiere assez seche de soy ,
Mais la belle est tombée amoureuse de moy.
Vous le croyez sans peine , on est fait d'un modele
A pretendre hypoteque à fort bon droit sur elle,
Et vouloir faire obstacle à de telles amours,
C'est pretendre arrester un torrent dans son cours.

VALERE.
Je ne croy pas, Monsieur , qu'on fust si temeraire,

LE MARQUIS.

On m'assure pourtant que vous le voulez faire.

VALERE.

Moy.

LE MARQUIS.

Que sans respecter ny rang, ny qualité
Vous nourrissez dans l'ame une velleïté
De me barrer son cœur.

VALERE.

C'est pure médisance,
Je sçay ce qu'entre nous le sort mit de distance.

LE MARQUIS.

Il tremble. Sçavez-vous Monsieur du lansquenet
Que j'ay dequoy rabattre icy vostre caquet.

VALERE.

Je le sçais.

LE MARQUIS.

Vous croyez en vôtre humeur caustique,
En agir avec moy comme avec l'as de pique.

VALERE.

Moy, Monsieur.

LE MARQUIS.

Il me craint. Vous faites le plongeon,
Petit noble à nazarde, enté sur sauvageon.

Valere enfonce son chapeau.

Je croy qu'il a du cœur ; je retiens ma colere :
Mais...

VALERE *mettant la main sur son épée.*

Vous le voulez donc, il faut vous satisfaire.

LE MARQUIS.

Bon, bon, je ris.

VALERE.

Vos ris ne sont point de mon goût,
Et vos airs insolens ne plaisent point du tout.

Vous eſtes un faquin.
LE MARQUIS.
Cela vous plaiſt à dire.
Un fat, un malheureux.

LE MARQUIS.

Monſieur , vous voulez rire.
VALERE *mettant l'épée à la main.*
Il faut voir ſur le champ ſi les Vice-Baillifs
Sont ſi francs du collier que vous l'avez promis.
LE MARQUIS.
Mais faut-il noûs broüiller pour un ſot point de
gloire.
VALERE.
Oh le vin eſt tiré , Monſieur il le faut boire.
LE MARQUIS *criant.*
Ah , ah , je ſuis bleſſé.

SCENE IX.

HECTOR, VALERE, LE MARQUIS.

HECTOR.

QUels deſſeins emportez. .
LE MARQUIS *mettant l'épée à la main.*
Ah c'eſt trop endurer.
HECTOR.
Ah ! Monſieur , arreſtez.

LE MARQUIS.

Laiſſez-moy donc.

HECTOR.

Tout beau.

VALERE.

Ceſſe de le contraindre,
Va, c'eſt un malheureux qui n'eſt pas bien à craindre.

HECTOR.

Quel ſujet…

LE MARQUIS *fierement.*

Vôtre Maître a certains petits airs,

Doucement.

Et prend mal à propos les choſes de travers.
On vient civilement pour s'éclaircir d'un doute,
Et Monſieur préſ la chévre, il met tout en déroute,
Fait le petit mutin : oh cela n'eſt pas bien.

HECTOR.

Mais encor quel ſujet ?

LE MARQUIS.

Quel ſujet ? moins que rien :
L'amour de la Comteſſe auprés de luy m'apelle.

HECTOR.

Ah diable ! c'eſt avoir une vieille querelle.
Quoy vous oſez, Monſieur, d'un cœur ambitieux,
Sur rôtre patrimoine ainſi jetter les yeux,
Attaquer la Comteſſe, & nous le dire encore.

LE MARQUIS.

Bon, je ne l'aime pas, c'eſt-elle qui m'adore.

VALERE.

Oh vous pouvez l'aimer autant qu'il vous plaira ;
C'eſt un bien que jamais on ne vous enviera ;
Vous eſtes en effet un Amant digne d'elle,
Je vous cede les droits que j'ay ſur cette belle.

HECTOR.

Ouy les droits sur le cœur, mais sur la bourse non.

LE MARQUIS.

Je le sçavois bien moy que j'en aurois raison :
Et voila comme il faut se tirer d'une affaire.

HECTOR.

N'auriez-vous point besoin d'un peu d'eau vulne-
raire.

LE MARQUIS.

Je suis ravy de voir que vous ayez du cœur,
Et que le tout se soit passé dans la douceur.
Serviteur, vous & moy nous en valons deux autres,
Je suis de vos amis.

VALERE.

Je ne suis pas des vôtres.

SCENE X.

VALERE, HECTOR.

VALERE.

VOila donc ce Marquis, cet homme dange-
reux.

HECTOR.

Ouy, Monsieur, le voila.

VALERE.

C'est un grand malheureux :
Je crains que mes Joüeurs ne soient sortis du
giste,
Ils ont trop attendu, j'y retourne au plus viste ;

J'ay dans le cœur, Hector, un bon preſſentiment,
Et je dois aujoard'huy gagner aſſurément.

HECTOR.

Vôtre cœur eſt, Monſieur, toujours inſatiable,
Ces inſpirations viennent ſouvent du diable:
Je vous en avertis , c'eſt un futé matois.

VALERE.

Elles m'ont réuſſi déja plus d'une fois.

HECTOR.

Tant va la cruche à l'eau...

VALERE.

Paix : Tu veux contredire,
A mon âge crois-tu m'aprendre à me conduire.

HECTOR.

Vous ne me parlez point, Monſieur, de vôtre
amour.

VALERE.

Non.

HECTOR.

Il m'en parlera peut-eſtre à ſon retour.

Fin du troiſiéme Acte.

ACTE IV.
SCENE PREMIERE.

ANGELIQUE, NERINE.

NERINE.

EN vain vous m'oppofez une indigne tendreffe ,
Je n'ay veu de mes jours avoir tant de molleffe
Je ne puis fur ce point m'accorder avec vous ;
Valere n'eft point fait pour eftre vôtre époux ,
Il reffent pour le jeu des fureurs nompareilles ,
Et cet homme perdra quelque jour fes oreilles.

ANGELIQUE.

Le temps le guerira de cet aveuglement.

NERINE.

Le temps augmente encor un tel attachement.

ANGELIQUE

Ne combats plus Nerine , une ardeur qui m'en-
chante ,
Tu prédrois pour l'éteindre une peine impuiffante;
Il eft des nœuds formez fous des aftres malins ,
Qu'on cherit malgré foy : Je cede à mes deftins

La raison, les conseils, ne peuvent m'en distraire,
Je voy le bon party , mais je prens le contraire.
NERINE.

Hé bien Madame, soit, contentez vôtre ardeur ,
J'y consens, acceptez pour époux un joüeur,
Qui pour porter au jeu son tribut volontaire ,
Vous laissera manquer mesme du necessaire.
Toujours triste ou fougueux, pestant contre le jeu,
Ou d'avoir perdu trop, ou bien gagné trop peu ;
Quel charme qu'un époux qui flatant sa manie,
Fait vingt mauvais marchez tous les jours de sa
      vie ,
Prend pour argent comptant d'un usurier fripon
Des singes, des pavez, un chantier du charbon,
Qu'on voit à chaque instant prest à faire querelle
Aux bijoux de sa femme, ou bien à sa vaisselle ,
Qui va , revient, retourne, & s'use à voyager
Chez l'usurier, bien plus qu'à donner à manger ,
Quand aprés quelque temps d'interest surchargée,
Il la laisse , ou d'abord elle fut engagée ,
Et prend pour remplacer ses meubles écartez
Des diamans du Temple & des plats argentez.
Tant que dãs sa fureur, n'ayant plus rien à vendre,
Empruntant tous les jours,& ne pouvant plus ren-
      dre
Sa femme signe enfin , & voit en moins d'un an
Ses terres en decret , & son lit à l'encan.
ANGELIQUE.
Je ne veux point icy m'affliger par avance ,
L'evenement souvent confond la prevoyance,
Il quittera le jeu.
NERINE.
      Quiconque aime , aimera,
Et quiconque a joüé, toujours joüe, & joüera,

Quelque docteur l'a dit, ce n'est point menterie.
Et si vous le voulez contre vous je parie
Tout ce que je possede, & mes gages d'un an ,
Qu'à l'heure que je parle il est dans un Brelan.
Nous le sçaurons d'Hector,qu'icy je voy paroître.

SCENE II.

HECTOR, ANGELIQUE , NERINE.

ANGELIQUE.

TE voila bien souflant : En quels lieux est t'on
Maître.
        HECTOR *embarassé.*
En quelque lieu qu'il soit je répons de son cœur...
Il sent toujours pour vous la plus sincere ardeur.
        NERINE.
Ce n'est point là , maraut, ce que l'on te demande.

        HECTOR *voulant s'échaper.*

Maraut ! je vois qu'icy je suis de contrebande.
        NERINE.
Non, demeure un moment :
        HECTOR.
            Le temps me presse, adieu.
        NERINE.
Tout doux : n'est-il pas vray qu'il est dans quel-
que lieu ,
Où courant le hazard...
               G ij

HECTOR.

Parlez mieux , je vous prie,
Mon Maître n'a hanté de tels lieux de sa vie.

ANGELIQUE.

Tien voila dix Louis : Ne me mens pas, dy moy
S'il n'est pas vray qu'il joüe à present.

HECTOR.

Oh ma foy

Il est bien revenu de cette folle rage ,
Et n'aura pas de goust pour le jeu davantage.

ANGELIQUE.

Avec tes faux soupçons Nerine, hé bien tu vois?

HECTOR.

Il s'en donne aujourd'huy pour la derniere fois.

ANGELIQUE.

Il joüeroit donc ?

HECTOR.

Il joüe, à dire vray Madame...
Mais ce n'est proprement que par noblesse d'ame,
On voit qu'il se défait de son argent exprés ,
Pour n'estre plus touché que de vos seuls attraits.

NERINE.

Hé bien , ay-je raison ?

HECTOR.

Son mauvais sort, vous dis-je,
Mieux que tous vos discours aujourd'huy le cor-
rige.

ANGELIQUE.

Quoy...

HECTOR

N'admirez-vous pas cette fidelité?
Perdre exprés son argent pour n'estre plus tenté :
Il sçait que l'hôme est foible... Il se met en défence;
Pour moy je suis charmé de ce trait de prudence.

ANGELIQUE.

Quoy ton Maître joüeroit au mépris d'un ser-
ment...

HECTOR.

C'est la derniere fois, Madame, absolument.
On peut le voir encor sur le champ de bataille,
Il frape à droit à gauche & d'estoc, & de taille :
Il se deffend, Madame, encor comme un lion,
Je l'ay veu dans l'effort de la convulsion,
Maudissant les hazards d'un combat trop funeste,
De sa bourse expirante il ramassoit le reste ;
Et paroissant encor plus grand dans son malheur,
Il vendoit cher son sang & sa vie au vainqueur.

VALERE.

Pourquoy l'as-tu quitté dans cette décadence ?

HECTOR.

Comme un Ayde de Camp, je viens en diligence
Apeller du secours, il faut faire aprocher
Nostre corps de reserve, & je m'en vais chercher
Deux cens Louis qu'il a laissez dans sa cassette.

NERINE.

Hé bien Madame, hé bien, estes-vous satisfaite.

HECTOR.

Les partis sont aux mains, à deux pas on se bat,
Et les momens sont chers en un jour de combat.
Nous allons nous servir de nos armes dernieres,
Et des Troupes qu'au jeu son nomme auxiliaires.

Il sort.

G iij

SCENE III.

ANGELIQUE , NERINE.

NERINE.

VOus l'entendez, Madame , aprés cette action
Pour Valere, armez-vous de belle paſſion ;
Cedez à vôtre étoile , époufez-le ; j'enrage
Lors que j'entens tenir ce difcours à vôtre âge ;
Mais Dorante qui vient…

ANGELIQUE.

Ah fortons de ces lieux ,
Je ne puis me refoudre à paroiſtre à fes yeux.
Elle s'en va.

SCENE IV.

DORANTE, NERINE.

DORANTE.

HE' quoy vous me fuyez : daignez au moins
m'aprendre…
Et toy Nerine auſſi, tu ne veux pas m'entendre ;
Veux-tu de ta Maîtreſſe imiter la rigueur ?

NERINE.

Non, Monsieur, je vous sers toujours avec vigueur,
Laissez-moy faire.   *Elle sort.*

DORANTE.

O Ciel ! ce trait me defespere,
Je veux aprofondir un si cruel mistere.

SCENE V.

LA COMTESSE, DORANTE.

LA COMTESSE.

OU courez-vous Dorante ?

DORANTE.

O contre-temps fâcheux,
Cherchons à l'éviter.

LA COMTESSE.

Demeurez en ces lieux ,
J'ay deux mots à vous dire,& vôtre ame contente;
Mais non, retirez-vous , un homme m'épouvante,
L'ombre d'un teste à teste, & dedans & dehors
Me fait mesme en Esté frissonner tout le corps.

DORANTE.

J'obeïs...

LA COMTESSE.

Revenez. Quelque espoir qui vous guide,
Le respect à l'amour sçaura servir de bride ,
N'est-il pas vray ?

DORANTE.

Madame...

LA COMTESSE.

                        En ce temps les Amans
Prés du fexe d'abord font fi gefticulans.
Quoy qu'on foit vertueufe, il faut telle paroiftre,
Et cela quelquefois coute bien plus qu'à l'eftre.

DORANTE.

Madame...

LA COMTESSE.

                    En verité j'ay le cœur douloureux,
Qu'Angelique fi mal reconnoiffe vos feux :
Et fi je n'avois pas une vertu fevere,
Qui me fait renfermer dans un veuvage aufere;
Je pourrois bien... mais non je ne puis vous ouïr,
Si vous continuez, je vais m'évanoüir.

DORANTE.

Madame...

LA COMTESSE.

                    Vos difcours, vôtre air foûmis & tendre
Ne feront que m'aigrir au lieu de me furprendre;
Baniffons la tendreffe, il faut la fuprimer,
Je ne puis en un mot me refoudre d'aimer.

DORANTE.

Madame... en verité je n'en ay nulle envie,
Et veux bien avec vous n'en parler de ma vie.

LA COMTESSE.

Voila, je vous l'avoüe, un fort fot compliment,
Me trouvez-vous, Monfieur, femme à manquer
    d'amant ;
J'ay mille adorateurs qui briguent ma conquefte,
Et leur encens trop fort me fait mal à la tefte.
Ah vous le prenez là fur un fort joly ton,
En verité.

DORANTE.

        Madame...

LA COMTESSE.
            Et je vous trouve bon.
DORANTE.

Le respect...
            LA COMTESSE.
      Le respect est là mal en sa place,
Et l'on ne me dit point pareille chose en face,
Si tous mes soûpirans pouvoient me negliger,
Je ne vous prendrois pas pour m'en dédomager.
Du respect ! du respect ! ah le plaisant visage.
            DORANTE.
J'ay crû que vous pouviez l'inspirer à vôtre âge ;
Mais Monsieur le Marquis qui paroist en ces lieux,
Ne sera pas peut-estre aussi respectueux.
            LA COMTESSE.
Je suis au desespoir, je n'ay veu de ma vie
Tant de relâchement dans la galanterie :
Le Marquis vient, il faut m'assurer un party,
Et je n'en pretens pas avoir le démenty.

SCENE VI.

LE MARQUIS, LA COMTESSE.

LE MARQUIS.

A Mon bonheur enfin, Madame, tout conspire,
  Vous estes toute à moy.
            LA COMTESSE.
            Que voulez-vous donc dire

Marquis ?

LE MARQUIS.

Que mon amour n'a plus de concurent,
Que je suis & seray vôtre seul conquerant ;
Que si vous ne batez au plutost la chamade,
Il faudra vous resoudre à souffrir l'escalade.

LA COMTESSE.

Moy que l'on m'escalade ?

LE MARQUIS.

Entre nous sans façon,
A Valere de prés j'ay serré le bouton,
Il m'a cedé les droits qu'il avoit sur vôtre ame.

LA COMTESSE.

Hé le petit poltron.

LE MARQUIS.

Oh palfanbleu Madame,
Il seroit un Achile, un Pompée, un Cesar ,
Je vous le conduirois points liez à mon char.
Il ne faut point avoir de molesse en sa vie,
Je suis vert.

LA COMTESSE.

Dans le fond j'en ay l'ame ravie.
Vous ne connoissez pas Marquis tout vôtre mal ,
Vous avez à combatre encor plus d'un rival.

LE MARQUIS.

Le don de vôtre cœur couvre de trop de gloire,
Pour n'estre que le prix d'une seule victoire,
Vous n'avez qu'à nommer...

LA COMTESSE.

Non, non, je ne veux pas
Vous exposer sans cesse à de nouveaux combats.

LE MARQUIS.

Est-ce ce Financier de noblesse mineure ,
Qui s'est fait depuis peu Gentilhomme en une
heure ,

Qui bâtit un Palais, sur lequel on a mis
Dans un grand marbre noir, en or, l'hostel Damis,
Luy qui voyoit jadis imprimé sur sa porte
Bureau du Pied-fourché , chair salée & chair
    morte ,
Qui dans mille portraits expose ses yeux ,
Son pere, son grand pere, & les place en tous lieux,
En sa maison de Ville, en celle de Campagne ,
Les fait venir tout droit des Comtes de Cham-
    pagne,
Et de ceux de Poitou, dautant que pour certain ,
L'un s'appelloit Champagne , & l'autre Poitevin,

LA COMTESSE.

A vos transports jaloux un autre se dérobe.

LE MARQUIS.

C'est donc ce Senateur, cet Adonis de Robe,
Ce docteur en soupez, qui se taist au palais ,
Et sçait sur des ragouts prononcer des arrests :
Qui juge sans appel sur un vin de Champagne ,
S'il est de Reims, du Clos, ou bien de la Montagne,
Qui de livres de droit toujours debarassé ,
Porte cuisine en poche, & poivre concassé,

LA COMTESSE.

Non Marquis , c'est Dorante , & j'ay sceu m'en
    défaire.

LE MARQUIS.

Quoy Dorante ! cet homme a maintien debon-
    naire,
Ce croquant qu'à l'instant je viens de voir sortir.

LA COMTESSE.

C'est luy-mesme.

LE MARQUIS.

    Eh parbleu vous devez m'avertir,

Nous nous ferions parlez fans fortir de la fale ;
Je ne fuis pas méchãt,mais fans bruit,fans fcãdale,
Sans luy donner le temps feulement de crier ,
Pour luy vôtre feneftre eut fervy d'efcalier.

LA COMTESSE.

Vous eftes turbulent. Si vous eftiez plus fage,
On pourroit...

LE MARQUIS.

La fageffe eft tout mon apanage.

LA COMTESSE.

Quoy qu'un engagement m'ait toujours fait hor-
reur ,
On auroit avec vous quelque affaire de cœur.

LE MARQUIS.

Ah parbleu volontiers. Vous me chatoüillez l'ame,
Par affaire de cœur qu'entendez-vous Madame?

LA COMTESSE.

Ce que vous entendez vous-mefme affurément.

LE MARQUIS.

Eft-ce pour mariage, ou bien pour autrement.

LA COMTESSE.

Quoy vous pretendriez, fi j'avois la foibleffe...

LE MARQUIS.

Ah ma foy l'on n'a plus tant de delicateffe ,
On s'aime pour s'aimer tout autant que l'on peut,
Le mariage fuit & vient aprés s'il veut.

LA COMTESSE.

Je pretens que l'hymen foit le but de l'affaire,
Et ne donne mon cœur que pardevant Notaire,
Je veux un bon Contract fur de bon parchemin,
Et non pas un hymen qu'on rompt le lendemain.

LE MARQUIS.

Vous aimez chaftement ; je vous en felicite,
Et je me donne à vous avec tout mon merite ;

Quoy

Quoy que cent fois le jour on me mette à la main
Des partis à fixer un Empereur Romain.
LA COMTESSE.
Je croy que nos deux cœurs seront toujours fi-
delles.
LE MARQUIS.
Oh parbleu nous vivrons comme deux Tourte-
relles.

Pour vous porter, Madame, un cœur tout dégagé,
Je vais dans ce moment signifier congé
A des beautez sans nôbre à qui mon cœur renonce,
Et vous aurez dans peu ma derniere réponse.
LA COMTESSE.
Adieu, fasse le Ciel, Marquis, que dans ce jour
Un hymen soit le sceau d'un si parfait amour.

SCENE VII.

LE MARQUIS seul.
HE' bien, Marquis, tu vois, tout rit à ton me-
rite,
Le rang, le cœur, le bien, tout pour toy sollicite,
Tu dois estre content de toy par tout païs,
On le seroit à moins, allons, saute Marquis :
Quel bonheur est le tien ! Le Ciel à ta naissance
Répandit sur tes jours sa plus douce influence ;
Tu fus, je croy, paistry par les mains de l'Amour :
N'es-tu pas fait à peindre? Est-il homme à la Cour
Qui de la teste aux pieds porte meilleure mine,
Une jambe mieux faite, une taille plus fine,

H

Et pour l'esprit parbleu tu l'as des plus exquis :
Que te manque-t'il donc ? Allons, saute Marquis,
La Nature, le Ciel , l'Amour , & la Fortune
De tes prosperitez font leur cause commune ;
Tu soûtiens ta valeur avec mille hauts faits ,
Tu chantes, danses, ris, mieux qu'on ne fit jamais.
Les yeux à fleur de teste , & les dents assez belles ,
Jamais en ton chemin trouvas-tu de cruelles ?
Prés du sexe tu vins, tu vis , & tu vainquis ,
Que ton sort est heureux ? Allons saute Marquis.

SCENE VIII.

HECTOR, LE MARQUIS.

HECTOR.

A Ttendez un moment. Quelle ardeur vous
  transporte ?
Hé quoy, Monsieur, tout seul vous sautez de la
  sorte ?

LE MARQUIS.

C'est un pas de ballet que je veux repasser.

HECTOR.

Mon Maistre qui me suit vous le fera danser,
Monsieur , si vous voulez.

LE MARQUIS.

Que dis-tu là , ton Maistre ?

HECTOR.

Ouy, Monfieur, à l'inftant vous l'allez voir paroiftre.

LE MARQUIS.

En ces lieux je ne puis plus long-temps m'arrefter,
Pour caufe nous devons tous deux nous éviter ;
Quand ma verve me prend je ne fuis plus traitable;
Il eft brutal, je fuis emporté comme un diable,
Il manque de refpect pour les Vice-Baillifs,
Et nous aurions du bruit. Allons faute Marquis.

SCENE IX.

HECTOR *feul.*

ALlons faute Marquis. Un tour de cette forte
Eft volé d'un Gafcon où le diable m'emporte.
Il vient de la Garonne. Oh parbleu dans ce temps
Je n'aurois jamais cru les Marquis fi prudents.
Je vis : & cependant mon Maiftre à l'agonie
Cede en un lanfquenet à fon mauvais genie.
Le voicy, fes malheurs fur fon front font écrits,
Il a tout le vifage & l'air d'un premier pris.

SCENE X.

VALERE , HECTOR.

VALERE.

NOn l'Enfer en courroux & toutes ses furies
N'ont jamais exercé de telles barbaries ,
Je te loüe ô destin de tes coups redoublez ,
Je n'ay plus rien à perdre , & tes vœux sont com-
blez ;
Pour assouvir encor la fureur qui t'anime ,
Tu ne peux rien sur moy, cherche une autre victi-
me.

HECTOR.

Il est sec.

VALERE.

De serpens mon cœur est devoré,
Tout semble en un moment contre moy conjuré :
Il prend Hector à la cravate.
Parle, as-tu jamais vû le sort & son caprice,
Accabler un mortel avec plus d'injustice,
Le mieux assassiner , perdre tous les partis ,
Vingt fois le coupe-gorge,& toujours premier pris.
Repond moy donc bourreau.

HECTOR.

Mais ce n'est pas ma faute.

VALERE.

As-tu vû de tes jours trahison aussi haute.

Sort cruel ! ta malice a bien sçû triompher
Et tu ne me flattois que pour mieux m'étouffer.
Dans l'état où je suis je puis tout entreprendre,
Confus, desesperé, je suis prest à me pendre.

HECTOR.

Heureusement pour vous vous n'avez pas un sou,
Dont vous puissiez, Monsieur, acheter un licou.
Voudriez-vous souper ?

VALERE.

Que la foudre t'écrase :
Ah charmante Angelique en l'ardeur qui m'em-
    brase,
A vos seules bontez je veux avoir recours,
Je n'aimeray que vous, m'aimeriez-vous toujours?
Mon cœur dans les transports de sa fureur extrême
N'est point si malheureux, puis qu'enfin il vous
    aime.

HECTOR.

Nostre bourse est à fond, & par un sort nouveau,
Nostre amour recommence à revenir sur l'eau.

VALERE.

Calmons le desespoir où la fureur me livre,
Aproche ce fauteüil, va me chercher un Livre.

HECTOR.

Quel Livre voulez-vous lire en vôtre chagrin ?

VALERE.

Celuy qui te viendra le premier sous la main.
Il m'importe peu, prens dans ma Bibliotheque.

HECTOR.

Voila Seneque.

VALERE.

Lis.

HECTOR.

Que je lise Seneque ?

VALERE.

Oüy, ne sçais-tu pas lire ?

HECTOR.

Hé vous n'y pensez pas,
Je n'ay lû de mes jours que dans des Almanachs.

VALERE.

Ouvre, & lis au hazard.

HECTOR.

Je vay le mettre en pieces.

VALERE.

Lis donc.

HECTOR *lit.*

CHAPITRE VI. Du mépris des richesses.
La Fortune offre aux yeux des brillans mensongers,
Tous les biens d' icy-bas sont faux & passagers,
Leur possession trouble, & leur perte est legere,
Le sage gagne assez quand il peut s'en deffaire.
Lorsque Seneque fit ce Chapitre éloquent,
Il avoit comme vous perdu tout son argent.

VALERE *se levant.*

Vingt fois le premier pris ! Dans mon cœur il s'é-
　leve　　　　　　　　　　*Il s'assied*
Des mouvemens de rage. Allons, poursuis, acheve.

HECTOR.

L'or est comme une femme, on n'y sçauroit toucher
Que le cœur par amour ne s'y laisse attacher,
L'un & l'autre en ce temps si-tost qu'on les manie
Sont deux grands remoras pour la Philosophie.
N'ayant plus de Maistresse, & n'ayant pas un sou
Nous philosopherons maintenant tout le sou.

VALERE.

De mon sort desormais vous serez seule arbitre,
Adorable Angelique. Acheve ton Chapitre.

HECTOR.

Que faut-il...

VALERE.

Je benis le fort & fes revers,
Puifqu'un heureux malheur me régage en vos fers.
Finy donc.

HECTOR.

Que faut-il à la nature humaine
Moins on a de richeffe, & moins on a de peine,
C'eft poffeder les biens que fçavoir s'en paffer.
Que ce mot eft bien dit ! & que c'eft bien penfer !
Ce Seneque, Monfieur, eft un excellent homme,
Eftoit-il de Paris ;

VALERE.

Non, il eftoit de Rome.
Dix fois à carte triple eftre pris le premier.

HECTOR.

Ah, Monfieur, nous mourrōs un jour fur un fumier.

VALERE.

Il faut que de mes maux enfin je me délivre,
J'ay cent moyens tous prefts pour m'empefcher de
    vivre,
La riviere, le feu, le poifon & le fer.

HECTOR.

Si vous vouliez, Monfieur, chanter un petit air,
Voftre Maiftre à chanter eft icy, la Mufique
Peut-eftre calmeroit cette humeur frenetique.

VALERE.

Que je chante !

HECTOR.

Monfieur.

VALERE.

Que je chante bourreau,
Je veux me poignarder ; la vie eft un fardeau

Qui pour moy deformais devient insuportable.

HECTOR.

Vous la trouviez pourtant tantôt bien agreable.
Qu'un Joüeur est heureux ! sa poche est un trésor,
sous ses heureuses mains le cuivre devient or,
Disiez-vous.

VALERE.

Ah ! je sens redoubler ma colere.

HECTOR.

Monsieur contraignez-vous, j'aperçois vôtre Pere.

SCENE XI.

GERONTE, VALERE, HECTOR.

GERONTE.

POur quel sujet, mon Fils, criez-vous donc si
fort ?
Est-ce toy malheureux, qui cause son transport ?

VALERE.

Non pas, Monsieur.

HECTOR.

Ce sont des vapeurs de morale,
Qui nous vont à la teste, & que Seneque exhale.

GERONTE.

Qu'est-ce à dire Seneque ?

HECTOR.

Ouy, Monsieur, maintenant
Que nous ne joüons plus nôtre unique ascendant

C'eſt la Philoſophie, & voila nôtre Livre,
C'eſt Seneque.

GERONTE.

Tant mieux, il aprend à bien vivre,
Son Livre eſt admirable, & plein d'inſtructions ;
Et rend l'homme brutal maiſtre des paſſions.

HECTOR.

Ah ſi vous aviez lû ſon traité des Richeſſes,
Et le mépris qu'on doit faire de ſes Maîtreſſes,
Comme la femme icy n'eſt qu'un vray Remora,
Et que lorſqu'on y touche… on en demeure là. ..
Qu'on gagne quand on perd… que l'amour dans
    nos ames. ..
Ah que ce Livre là connoiſſoit bien les femmes.

GERONTE.

Hector en peu de temps eſt devenu Docteur.

HECTOR.

Ouy, Monſieur, je ſçauray tout Seneque par cœur.

GERONTE.

Je vous cherche en ces lieux avec impatience,
Pour vous dire, mon fils, que vôtre hymen s'avance:
Je quitte le Notaire, & j'ay vû les parens,
Qui d'une & d'autre part me paroiſſent contens ;
Vous avez vû je crois Angelique, & j'eſpere
Que ſon conſentement. ..

VALERE.

Non pas encor, mon Pere,
Certaine affaire m'a ..

GERONTE.

Vraîment pour un Amant
Vous faites voir, mon Fils, bien peu d'empreſſe-
ment :
Courez-y, dites-luy que ma joye eſt extrême,
Que charmé de ce nœud dãs peu j'iray moy-même

Luy faire compliment, & l'embraſſer...
HECTOR.

Tout doux,
Monſieur fera cela tout auſſi bien que vous.
VALERE.
Penetré des bontez de celuy qui m'envoye,
Je vais de cet employ m'acquitter avec joye.
HECTOR.
Il vous plaira toujours d'eſtre memoratif,
D'un papier que tantôt d'un air rebarbatif,
Et même avec ſcandale...
GERONTE.

Ouy da, laiſſe-moy faire,
Le mariage fait, nous verrons cette affaire.
HECTOR.
J'iray donc ſur ce pied vous viſiter demain.

Il ſort.

GERONTE.
Graces au Ciel mon Fils eſt dans le bon chemin,
Par mes ſoins paternels il ſurmonte la pente
Où l'entraînoit du jeu la paſſion ardente :
Ah qu'un Pere eſt heureux qui voit en un moment
Un cher Fils revenir de ſon égarement.

Fin du quatriéme Acte.

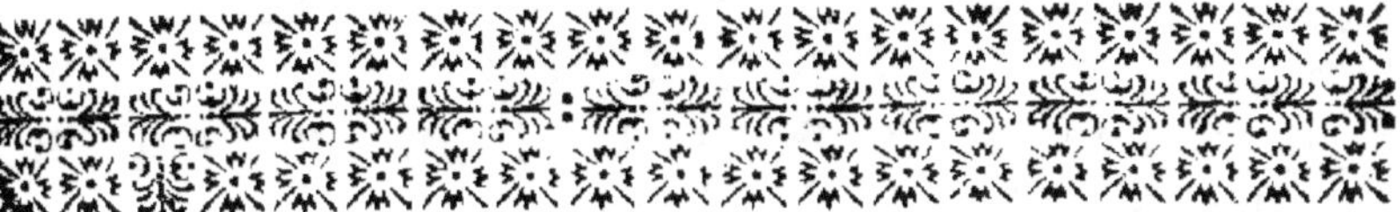

ACTE V.

SCENE PREMIERE.

DORANTE, ANGELIQUE, NERINE.

DORANTE.

EH, Madame, cessez d'éviter ma pre-
sence,
Je ne viens point armé contre vôtre
inconstance,
Faire éclater ici mes sentimens jaloux,
Ny par des mots piquants exhaler mon courroux.
Plusque vous ne pensez mon cœur vous justifie,
Vôtre legereté veut que je vous oublie :
Mais loin de condamner vôtre cœur inconstant,
Je suis assez vangé si j'en puis faire autant.

ANGELIQUE.

Que vôtre emportement en reproches éclate,
Je merite les noms de volage, d'ingrate :
Mais enfin de l'amour l'imperieuse loy,
A l'hymen que je crains m'entraîne malgré moy,
J'en prévoy les dangers; mais un sort tyrannique...

DORANTE.

Vôtre cœur est hardy, genereux, heroïque :

Vous voyez devant vous un abîme s'ouvrir,
Et vous ne laiſſez pas, Madame d'y courir.

N E R I N E.

Quand j'en devrois mourir je ne puis plus me
    taire,
Je vous empeſcheray de terminer l'affaire,
Ou ſi dans cet amour vôtre cœur engagé
Perſiſte en ſes deſſeins, donnez-moy mon congé:
Je ſuis fille d'honneur, je ne veux pas qu'on diſe
Que vous ayez ſous moy fait pareille ſottiſe ;
Valere eſt un indigne, & malgré ſon ſerment,
Vous voyez tous les jours qu'il jouë impunément.

A N G E L I Q U E.

En faveur de mon foible il faut luy faire grace ;
De la fureur du jeu veux-tu qu'il ſe défaſſe.
Helas ! quand je ne puis me défaire aujourd'huy
Du lâche attachement que mon cœur a pour luy.

D O R A N T E.

Ces feux ſont trop charmans pour vouloir les étein-
    dre ,
Je ne ſuis point , Madame , icy pour vous con-
    traindre ,
Mon Neveu vous épouſe , & je viens ſeulement
Donner à vôtre hymen un plein conſentement.

S C E N E

SCENE II.

MADAME LA RESSOURCE, ANGELIQUE, DORANTE, NERINE.

NERINE.

Madame la Reſſource icy ! qu'y viens-tu faire ?

Me LA RESSOURCE.

Je cherche un Cavalier pour finir une affaire.,
On tâche autant qu'on peut dans ſon petit trafic
A gagner ſes dépens en ſervant le public.

ANGELIQUE.

Cette Nerine là connoiſt toute la France.

NERINE.

Pour vivre il faut avoir plus d'une connoiſſance.
C'eſt une illuſtre au moins, & qui ſçait en ſecret
Couler adroitement un amoureux poulet.
Habile en tous métiers , intrigante parfaite,
Qui preſte, vend; revend, brocante, troque, achete,
Met à perfection un hymen ébauché ,
Vend ſon argent bien cher , marie à bon marché.

Me LA RESSOURCE.

Voſtre bonté pour moy toujours ſe renouvelle,
Vous avez ſi bon cœur. . .

NERINE.

Il fait bon avec elle,

I

Je vous en avertis. En bijoux & brillans ;
En poche elle a toujours plus de vingt mille francs.

DORANTE.

Mais ne craignez-vous point qu'un soir dans le
silence. . ,

NERINE.

Bon , bon, tous les Filoux sont de sa connoissance.

Me LA RESSOURCE.

Nerine rit toujours.

NERINE.

Montrez-nous voftre écrain.

Me LA RESSOURCE.

Volontiers j'ay toujours quelque hazard en main.
Regardez ce rubis ; je vais en faire affaire
Avec & pardevant un Conseiller Notaire,
Pour certaine Chanteuse, on dit qu'il en tient-là.

NERINE.

Le drolle veut passer quelque acte à l'Opera :
Mais voicy la Comtesse. . .

Me LA RESSOURCE.

On m'attend , je vous quitte.

NERINE.

Non , non , fur vos bijoux j'ay des droits de vi-
site.

SCENE III.

LA COMTESSE, ANGELIQUE, DORANTE, NERINE, Me LA RESSOURCE.

LA COMTESSE.

Voſtre choix eſt-il fait ? peut-on enfin ſçavoir
A qui vous pretendez voʼs marier ce ſoir ?

ANGELIQUE.

Ouy, ma Sœur, il eſt fait, & ce choix doit vous
  plaire,
Puis qu'avant moy, pour vous, vous avez ſçû le
  faire.

LA COMTESSE.

Aparemment Monſieur eſt ce mortel heureux,
Ce fidelle aſpirant dont vous comblez les vœux.

DORANTE.

A ce bonheur charmant je n'oſe pas pretendre.
Si Madame eut gardé ſon cœur pour le plus ten-
  dre,
Plaſque tout autre Amant j'aurois pû l'eſperer.

LA COMTESSE.

La perte n'eſt pas grande, & ſe peut reparer.

SCENE IV.

LE MARQUIS, LA COMTESSE,
ANGELIQUE, DORANTE,
Me LA RESSOURCE, NERINE.

LE MARQUIS.

CHarmé de vos beautez je viens enfin, Madame,
Icy mettre à vos pieds & mon corps, & mon
     ame,
Vous serez par ma foy Marquise cette fois,
Et j'ay sur vous enfin laissé tomber mon choix.

Me LA RESSOURCE.
Cet homme m'est connu.

LA COMTESSE.
          Monsieur je suis ravie
De m'unir avec vous le reste de ma vie,
Vous estes Gentilhomme, & cela me suffit.

LE MARQUIS.
Je le suis, du déluge.

Me LA RESSOURCE.
          Ouy, c'est luy qui le dit.

LE MARQUIS.
En faisant avec moy cette heureuse alliance,
Vous pourrez vous vanter que Gentilhomme en
     France
Ne tirera de vous, si vous me l'ordonnez,
Des enfans de tout point mieux conditionnez.

à Me la Reſſource.

Vous verrez ſi je ments : Ah vous voila, Madame,
Et que faites-vous donc icy de cette femme ?

NERINE.

Vous la connoiſſez !

LE MARQUIS.

Moy ! je ne ſçay ce que c'eſt.

Me LA RESSOURCE.

Ah je vous connois trop moy pour mon intereſt.
Quand vous reſoudrez-vous, Monſieur le Gentil-
    homme,
Fait du temps du déluge, à me payer ma ſomme,
Mes quatre cens écus preſtez depuis cinq ans.

LE MARQUIS.

Pour me les demander vous prenez bien le temps ?

Me LA RESSOURCE.

Je veux aux yeux de tous vous en faire avanie,
A toute heure, en tous lieux.

LE MARQUIS.

Eh ! vous rêvez ma mie. . . .

Me LA RESSOURCE.

Voila le grand-mercy, d'obliger des ingrats.
Aprés l'avoir tiré d'un auſſi vilain pas. . .
Laſte. . .

LA COMTESSE.

Parlez, parlez.

Me LA RESSOURCE.

Non, non. Il eſt trop rude
D'aller de ſes parents montrer la turpitude.

LA COMTESSE.

Comment donc !

LE MARQUIS.

Ah je grille.

Me LA RESSOURCE,
          Au Chastelet , sans moy,
On le verroit encor , vivre aux dépens du Roy.
NERINE.
Quoy , Monsieur le Marquis ?
Me LA RESSOURCE.
          Luy Marquis ! c'est l'Epine ,
Je suis Marquise donc , moy qui suis sa Cousine ,
Son Pere estoit Huissier à Verge dans le Mans.
LE MARQUIS.
Vous en avez menty. Maugrébleu des parens.
Me LA RESSOURCE.
Mon Oncle n'estoit pas Huissier,qu'il t'en souvien-
ne.
LE MARQUIS.
Son nom estoit connu dans le haut & bas Maine.
NERINE.
Vostre Pere estoit donc un Marquis exploitant ?
ANGELIQUE.
Vous aviez là , ma Sœur , un fort illustre Amant.
Me LA RESSOURCE.
C'est moy qui l'ay nourry quatre mois sans repro-
che ,
Quand il vint à Paris en guestres par le Coche.
LE MARQUIS.
D'accord , puisqu'on le sçait , mon Pere estoit
Huissier ,
Mais Huissier à Cheval , c'est comme Chevalier :
Cela n'empesche pas que dans ce jour , Madame ,
Nous ne mettions afin une si belle flame ;
Jamais ce feu pour vous ne fut si violent ,
Et jamais tant d'appas. . .
LA COMTESSE.
          Taisez-vous , insolens ,

LE MARQUIS.

Insolent ! Moy qui dois honorer voftre couche ,
Et par qui vous devez quelque jour faire fouche.

LA COMTESSE.

Sors d'icy malheureux, porte ailleurs ton amour.

LE MARQUIS.

Ouy ? L'on agit de même avec les gens de Cour :
On reconnoift fi mal le rang & le merite ,
J'en fuis parbleu ravy , pour le coup je vous quite,
J'ay pour briller ailleurs mille talents acquis ,
Le Ciel vous tienne en joye ; allons faute Marquis.

Il fort.

LA COMTESSE.

Je n'y puis plus tenir, ma Sœur, & je vous laiffe ,
Avec qui vous voudrez finiffez de tendreffe ;
Coupez, taillez, rognez, je m'en lave les mains ,
Deformais pour toujours je renonce aux humains.

Elle s'en va.

SCENE V.

DORANTE, ANGELIQUE, NERINE, Me LA RESSOURCE.

DORANTE.

Ils prennent leur party.

Me LA RESSOURCE.

La rencontre eft plaifante ;
Je l'ay démarquifé bien loin de fon attente.

J'en voudrois faire autant à tous les faux Marquis.
NERINE.
Vous auriez par ma foy bien à faire à Paris,
Il est tant de Traittans qu'on voit depuis la guerre
En modernes Seigneurs sortir de dessous terre :
Qu'on ne s'étonne plus qu'un laquais, un pied-plat,
De sa vieille mandille achette un Marquisat.
ANGELIQUE.
Vous avez découvert icy bien du mistere.
Me LA RESSOURCE.
De quoy s'avise-t'il de me rompre en visiere ;
Mais aux grands mouvemens qu'en ce lieu je puis
　　voir,
Madame se marie ?
NERINE.
　　　　　Ouy, vrayment, dés ce soir.
Me LA RESSOURCE *foüillant dant sa poche.*
J'en ay bien de la joye. Il faut que je luy montre
Deux pendants de brillans que j'ay là de rencontre,
J'en feray bon marché. Je croy que les voila.
Ils sont des plus parfaits Non ce n'est pas cela,
C'est un Portrait de prix, mais il n'est pas à vendre.
NERINE.
Faites-le voir.
Me LA RESSOURCE.
　　　Non, non, on doit me le reprendre.

NERINE *luy arrachant.*

Oh je suis curieuse, il faut me montrer tout :
Que les brillans sont gros, ils sont fort de mon goût;
Mais que vois-je, grands Dieux! quelle surprise ex-
　　trême ,
Aurois-je la berluë, hé ma foy c'est luy-même,
Ah!.... 　　　　　　*Elle fait un grand cry.*

ANGELIQUE.
Qu'as-tu donc, Nerine, & te trouves-tu mal ?
NERINE.
Voſtre Portrait, Madame, en propre original.
ANGELIQUE.
Mon Portrait, es-tu folle.
NERINE *pleurant.*
Ah ma pauvre Maîtreſſe,
Faut-il vous voir ainſi durement mis en preſſe.
Me LA RESSOURCE.
Que veut dire cecy ?
ANGELIQUE.
Tu te trompes, voy mieux.
NERINE.
Regardez donc vous-même, & voyez par vos yeux.
ANGELIQUE.
Tu ne te trompes point, Nerine, c'eſt luy-même.
C'eſt mon Portrait, helas ! qu'en mon ardeur ex-
trême,
Je viens de luy donner pour prix de ſes amours,
Et qu'il m'avoit juré de conſerver toujours.
Me LA RESSOURCE.
Voſtre Portrait, il eſt à moy ſans vous déplaire,
Et j'ay preſté deſſus mille écus à Valere.
ANGELIQUE.
Juſte Ciel !
NERINE.
Le fripon !
DORANTE *prenant le Portrait.*
Je veux auſſi le voir.
Me LA RESSOURCE.
Ce Portrait m'appartient, & je prétens l'avoir.
DORANTE *prenant le portrait.*
Laiſſez-le moy garder un moment, je vous prie,
C'eſt la ſeule faveur qu'on m'ait faite en ma vie.

ANGELIQUE.

C'en est fait , pour jamais je le veux oublier,

NERINE.

S'il met voftre Portrait ainfi chez l'ufurier ,
Eftant encor Amant , il vous vendra , Madame ,
A beaux deniers comptans quand vous ferez fa
femme.

à Me la Reſſource.

Mais le voicy qui vient. A trois ou quatre pas
De grace éloignez-vous , & ne vous montrez pas,

Me LA RESSOURCE.

Mais pourquoy…

DORANTE.

Du Portrait ne foyez point en peine,

Me LA RESSOURCE *ſe mettant derriere.*

Lorfque je le verray j'en feray plus certaine.

SCENE VI.

VALERE , ANGELIQUE, DORANTE, NERINE, Me LA RESSOUCE, HECTOR.

VALERE.

Quel bonheur eft le mien : enfin voicy le jour,
Madame , où je dois voir triompher mon
amour,
Mon cœur tout penetré… Mais Ciel, quelle trifteffe,
Nerine , a pû faifir ta charmante Maiftreffe,
Eft-ce ainfi que tantoft. ,…

ANGELIQUE.

Bon, ne sçavez-vous pas,
Les filles sont, Monsieur, tantôt haut, tantôt bas.
VALERE.

Hé quoy changer si-tost.
ANGELIQUE.

Ne craignez point Valere,
Les funestes retours de mon humeur legere,
Le Portrait dont ma main vous a fait possesseur,
Vous est un seur garant que vous avez mon cœur.
VALERE.

Que ce tendre discours me charme, & me rassure.
NERINE.

Tu ne seras heureux par ma foy qu'en peinture.
ANGELIQUE.

Quiconque a mon Portrait, sans crainte de Rival,
Doit avec la copie avoir l'original.
VALERE.

Madame en ce moment que mon ame est contente.
ANGELIQUE.

Ne consentez-vous pas à ce party, Dorante?
DORANTE.

Je veux ce qui vous plaît, vos ordres sont pour
moy
Les decrets respectez d'une suprême loy:
Vostre bouche, Madame, a prononcé sans feindre,
Et mon cœur subira vostre arrest sans se plaindre.
HECTOR.

De l'Arrest tout du long il va payer les frais.
ANGELIQUE.

Valere vous voyez pour vous ce que je fais.
VALERE.

Jamais tant de bontez...

ANGELIQUE.

Montrez donc sans attendre
Le Portrait que de moy vous avez voulu prendre,
Et que voſtre Rival ſçache à quoy s'en tenir.

VALERE *fouillant dans ſa poche.*

Soit... Mais permettez-moy de vous deſobéir,
C'eſt mon Oncle, en voyant de voſtre amour ce
   gage,
Il jouëroit à vos yeux un mauvais perſonnage,
Vous ſçavez bien qui l'a.

ANGELIQUE.

Vous pouvez le montrer,
Il verra mon Portrait ſans ſe deſeſperer.

DORANTE.

Le triomphe eſt trop beau pour n'en pas faire
   gloire,

VALERE *fouillant toujours dans ſa poche.*

Puiſque vous le voulez il faut vous le chercher;
Mais je n'auray du moins rien à me reprocher,
Vous voulez un témoin, il faut vous ſatisfaire.

HECTOR *apercevant Me la Reſſource.*

Ah nous ſommes perdus, j'aperçois l'uſuriere.

VALERE *à Hector.*

C'eſt voſtre faute, ſi... qu'as-tu fait du Portrait?

HECTOR.

Du Portrait ?

VALERE.

Oüy maraut, parle, qu'en as-tu fait?

HECTOR *tournant la main par derriere*
à Me la Reſſource.

Madame la Reſſource un moment ſans paroiſtre,
Preſtez-nous noſtre gage.

VALERE.

Ah chien ! ah double traiſtre,

Tu l'as perdu.
HECTOR.

HECTOR.

Monsieur.

VALERE.

il faut que ton trépas. .

HECTOR *à genoux*.

Ah , Monsieur arrestez , & ne me tuez pas ,
Voyant dans ce Portrait Madame si jolie ,
Je l'ay mis chez un Peintre, il m'en fait la copie.

VALERE.

Tu l'as mis chez un Peintre ?

HECTOR.

Ouy, Monsieur.

VALERE.

Ah maraut ,
Va , cours me le chercher , & reviens au plutost.

DORANTE *montrant le Portrait*.

Epargnez-luy ces pas. Il n'est plus temps de feindre.
Le voicy.

HECTOR.

Nous voila bien achevez de peindre:
Ah carogne !

VALERE.

Le Peintre. . .

ANGELIQUE.

Avec de vains détours ,
Ingrat , ne croyez pas qu'on m'abuse toujours.

VALERE.

Madame , en verité de telles epithetes
Ne me vont point du tout.

ANGELIQUE.

Perfide que vous estes ,

K

Ce Portrait que tantoft je vous avois donné,
Pour le gage d'un cœur le plus paffionné,
Malgré tous vos fermens, parjure, à la mefme
    heure,
Vous l'avez mis en gage.

VALERE.

Ah qu'à vos yeux je meure...

ANGELIQUE.

Ah ceffez de vouloir plus long-temps m'outrager,
Cœur lâche !

HECTOR.

Nous devions tantoft le dégager,
Et contre mon avis vous avez fait la chofe.

Me LA RESSOURCE.

De tous vos debats, moy, je ne fuis point la
    caufe,
Et je prétens avoir mon Portrait, s'il vous plaift.

DORANTE.

Laiffez-le moy garder, j'en payray l'intereft
Si fort qu'il vous plaira.

SCENE DERNIERE.

GERONTE, ANGELIQUE,
VALERE, DORANTE, NERINE,
Me LA RESSOURCE, HECTOR,

GERONTE.

QUe mon ame est ravie,
De voir qu'avec mon Fils un tendre hymen vous
 lie,
J'attens depuis long-temps ce fortuné moment,
NERINE.
Son cœur ressent, je croy, le mesme empresse-
ment.
GERONTE.
De vous trouver icy je suis ravy, mon Frere,
Vous prenez, croyez-moy, comme il faut cette
 affaire,
Et l'hymen de Madame, à vous en parler net,
N'estoit en verité point du tout vostre fait.
DORANTE.
Il est vray.
GERONTE.
Le Notaire en ces lieux va se rendre,
Avec luy nous prendrons le party qu'il faut pren-
dre.

NERINE.

Oh par ma foy, Monsieur, vous ne prendrez qu'un
  rat,
Et le Notaire peut remporter son Contract.

GERONTE.

Comment donc ?

ANGELIQUE.

Autrefois mon cœur eut la foiblesse,
De rendre à voître Fils tendresse pour tendresse,
Mais la fureur du jeu dont il est possedé,
Pour mon Portrait enfin son lâche procedé,
Me font ouvrir les yeux, & contre mon attente,
En ce moment, Monsieur, je me donne à Dorante.
Acceptez-vous ma main ?

DORANTE.

Ah je suis trop heureux,
Que vous vouliez encor...

GERONTE *à Hector.*

Parle toy, si tu veux,
Explique ce mistere.

HECTOR.

Oh par ma foy je nose,
Ce recit est trop triste en vers ainsi qu'en prose.

GERONTE.

Parle donc.

HECTOR.

Pour avoir mis sans reflexion
Le Portrait de Madame une heure en pension,
Chez cette chienne-là, que Lucifer confonde,
On nous donne un congé le plus cruel du mon-
  de.

GERONTE.

GERONTE.

Sans vouloir davantage icy l'interroger,
Sa folle paffion m'en fait affez juger,
J'ay peine à retenir le courroux qui m'agite,
Fils indigne de moy, va je te desherite,
Je ne veux plus te voir aprés cette action,
Et te donne cent fois ma malediction.

HECTOR.

Le beau prefent de Noce.

ANGELIQUE *donnant la main à Dorante.*

A jamais je vous laiffe.
Si vous eftes heureux au jeu comme en Maî-
treffe,
Et fi vous confervez auffi mal fes prefens,
Vous ne ferez je croy fortune de long-temps.

Me LA RESSOURCE.

Et mon Portrait, Monfieur, vous plaift-il me le
rendre.

DORANTE.

Vous n'aurez rien perdu dans ces lieux pour attendre,
Ny toy Nerine auffi. Suivez-moy toutes deux.
à Valere.
Quelqu'autrefois, Monfieur, vous ferez plus heu-
reux.   *Il fort.*

Me LA RESSOURCE *faifant la reveren- ce à Valere.*

En toute occafion foyez feur de mon zele.
Elle fort.

HECTOR.

Adieu tifon d'enfer, feffe matieu femelle.
L

NERINE s'en allant fait la reverence.

Grace au Ciel ma Maîtresse a tiré son enjeu,
Vous épouser, Monsieur, c'estoit joüer gros jeu.
   VALERE à Hector qui s'en va aussi.
Où vas-tu donc ?
          HECTOR.
          Je vais à la Bibliotheque,
Prendre un Livre & vous lire un traité de Seneque.
          VALERE,
Va, va, consolons-nous, Hector, & quelque jour,
Le jeu m'aquitera des pertes de l'amour.

FIN.